1000 tolle Töne

Wolfgang Hering

1000 tolle Töne

Kinderlieder mit einfachen Begleitungen für Orff-Instrumente

SCHOTT

Mainz · London · Berlin · Madrid · New York · Paris · Prague · Tokyo · Toronto

Bestellnummer: ED 20245

www.schott-music.com
Coverillustration: Heike Treiber
Satz & Layout: Digital-Publishing K. Peteratzinger, Hünfelden
Printed in Germany BSS 52582
ISBN 978-3-7957-0161-1

Inhalt

Einleitung

Musik – ein wichtiges Lernfeld

Wer mit Kindern Musik macht, merkt sehr schnell, welche tollen Töne da entstehen können. Die kleinen Musiker sind mit Freude und Eifer bei der Sache. Ein spannendes Lernfeld, das häufig zu kurz kommt.

In vielen Kindergärten und Schulen gibt es Orff-Instrumente, die nur selten genutzt werden. Dabei würden die Lehrkräfte, aber auch interessierte Eltern diese Instrumente gerne zum Klingen bringen. Es fehlt ihnen aber oft an leicht umsetzbaren Anregungen. Aus diesem Grund entstand das vorliegende Liederbuch mit Begleit-CD.

Vielfältige Sinne werden beim Instrumentalspiel angeregt: Hören, Sehen, Fühlen und Bewegen spielen eine große Rolle. Es handelt sich also um ganzheitliches Lernen im besten Sinn.

Klänge sprechen die Gefühle an. Kinder lassen sich von Klangfarben und Rhythmen faszinieren. Je früher sie mit Musik in Berührung kommen, desto nachhaltiger ist auch die Wirkung. Und nebenbei wird auch noch ein Beitrag zur Sprachförderung geleistet.

Erfahrungen aus der Arbeit mit dem Orff-Instrumentarium zeigen: Die harmonischen Gegebenheiten dürfen nicht zu kompliziert sein. Besonders beliebt sind Stücke mit einer oder mit zwei Harmonien. Das greife ich in diesem Buch auf. Darüber hinaus biete ich auch weitergehende Spielideen und Bewegungsanregungen an, sodass sich die Kinder in verschiedenen Rollen ausprobieren können.

Mit einfachen Musikinstrumenten sind Kinder in der Lage, differenzierte Klänge zu erzeugen. Beispielsweise können sie eine Handtrommel flach mit der Hand bespielen, den Schlag abdämpfen, mit den Fingern tippeln oder auf dem Fell kratzen oder reiben, und sie können leicht Tempo, Lautstärke oder Rhythmus verändern. Unmittelbar lassen sich einfache Bewegungsideen umsetzen: z. B. wie ein Elefant stampfen, wie Ameisen herumkrabbeln oder wie ein Pony galoppieren.

Auch bei geringen musikalischen Vorkenntnissen und ohne langwierig zu üben, kann eine Kindergruppe mit Orff-Instrumenten schnell zu einem hörbaren Ergebnis gelangen. Die Instrumente werden zu Bewegung oder Tänzen, als Liedbegleitung oder in Instrumentalstücken, bei Klanggeschichten oder freien Improvisationen auf verschiedenen Schwierigkeitsstufen eingesetzt.

Was sind Orff-Instrumente?

Orff-Instrumente haben direkten Aufforderungscharakter. Folgende Instrumente gehören dazu: das *kleine Schlagwerk* (u. a. Triangel, hängendes Becken, Cymbeln,

Rasseln, Schlaghölzer – auch Claves genannt –, Holzblocktrommeln, Schellenkranz, Glöckchen), die *Fellinstrumente* wie Rahmentrommel, Pauken, Tamburin und Bongos und schließlich die *Stabspiele* mit Xylofonen, Glockenspielen, Metallofonen und einzelnen Klangbausteinen. Heute kommen viele Instrumente aus anderen Kulturkreisen hinzu wie Agogo (die brasilianische Doppelglocke), das Schüttelrohr (»Regenmacher«), Cabasa und Guiro (»Ratsche« oder »Gurke«) aus der lateinamerikanischen Musik oder Kastagnetten aus der spanischen Musik. Wir sprechen dann auch vom *erweiterten Orff-Instrumentarium.* Selbstgebaute Instrumente wie Kronkorkenrasseln, Dosen-Bongos oder Reis-Shaker oder Materialien wie Steine, Nüsse, Flaschen oder Luftballons können das musikalische Angebot noch erweitern.

Die Stabspiele gibt es mit diatonischer (entspricht auf dem Klavier den weißen Tasten) oder chromatischer Anordnung (entspricht den weißen und schwarzen Tasten). Stabspiele mit Holzstäben heißen Xylofone. Wir unterscheiden Sopran- (Tonumfang c2 bis a3), Alt- (eine Oktave tiefer), Tenor- (Tonumfang c1 bis c3) oder Bass-Xylofone (c bis c1). Es gibt aber auch Instrumente mit anderem Tonumfang. Sie stammen ursprünglich aus Asien. Sind die Platten aus Metall, so handelt es sich um Glockenspiele (gespielt mit Holzkopfschlägeln) oder Metallofone (gespielt mit Hartfilzschlägeln). Für Xylofone werden oft Schlägel mit Gummi-, Kork-, Filz- oder Wollkopf verwendet. In der Regel sind die Bezeichnungen der Töne auf den Klangplatten angegeben.

Die Instrumente sollten entweder in Kniehöhe vor den auf Stühlen sitzenden Kindern stehen oder auf den Boden gestellt werden – dann knien die Kinder vor den Instrumenten. Sie können sie auch auf Tische stellen, und die Kinder spielen im Stehen. Wenn nicht genügend Stabspiele vorhanden sind, teilen sich zwei bis vier Kinder ein Instrument.

Die Schlägel sollten dem Instrument angepasst werden. Für ein großes Bass-Xylofon benötigt man auch große Schlägel. Ältere Kinder sollten mit zwei Schlägeln spielen, sodass die Links-rechts-Koordination geübt wird. Der Stiel wird so angefasst, dass die Hand etwas nach oben weist. Die Stäbe sollten in der Mitte locker angeschlagen werden. Die Töne können gleichzeitig oder abwechselnd gespielt werden. Als Vorübung können Sie mit den Schlägeln ein paar bunte Luftballons balancieren.

Aufbau des Liederbuches

In vier Kapiteln konzentriere ich mich auf einfache Kinderlieder zum Mitmachen, die sich gut mit Orff-Instrumenten begleiten lassen. Es beginnt mit Liedern, die nur eine Harmonie aufweisen, dann folgen Stücke mit dem Wechsel von C-Dur und G-Dur. Im dritten Kapitel stehen die Tonarten F-Dur und C-Dur im Mittelpunkt. Das vierte Kapitel bietet ein Zusammenspiel anderer einfacher Akkordkombinationen.

Die hier zusammengestellten Lieder behandeln moderne, kindgerechte und manchmal lustige Themen. Die vorgestellten Begleitungen werden ausführlich erläutert.

Die Begleit-CD enthält alle Stücke und hilft auch denen, die keine Noten kennen. Hören Sie sich die Lieder an! Sie müssen sie nicht unbedingt eins zu eins umsetzen. Sie können sich aber gut am Tempo und den Arrangements orientieren. Mit älteren Kindern im Grundschulalter können Sie weitergehende musikalische Motive und Tonfolgen erarbeiten. Besonders mit den Stabspielen lassen sich die musikalischen Begleitungen erweitern. Auf dem Tonträger sind auch drei Playbacks zu finden.

Das Buch knüpft an die Tradition der Elementaren Musikpädagogik von Carl Orff (1895–1982) an. In seinem Ansatz wird insbesondere das Zusammenwirken von Musik, Sprache und Bewegung gefordert. In seinem Schulwerk finden sich musikalische Übungen u. a. mit Bordunspiel, Intervallklängen und Ostinatomotiven und Spielstücke für Xylofon oder Blockflöte und kleinem Schlagwerk. Besondere Bedeutung wird dabei auf Improvisation mit Sprache, Rhythmus, Melodien und Klängen gelegt. Sein eingängiges Motto: »Die Musik fängt im Menschen an«.

Mit dem Einsatz von Orff-Instrumenten können Sie nach meiner Erfahrung die Aufmerksamkeit und Konzentrationsfähigkeit fördern. Wenn Sie die Kinder aufteilen, kann eine »Bewegungsgruppe« die Spielanregungen im Raum ausführen und eine »Musikgruppe« die Funktion eines kleinen Orchesters übernehmen. Akkorde verteilen Sie dann auf mehrere Kinder. Die Kinder können zu harmonischen Gruppen und zu lebendigen Tonleitern zusammengestellt werden. Oder sie bewegen sich mit den Instrumenten in der Hand vorwärts, und die Klangbausteine werden selbst zum Spielgerät, indem sie sich z. B. in ein Schiff oder eine Eisenbahn verwandeln.

Die einzelnen Klangbausteine sind besonders gut für die Arbeit mit Kindern geeignet. Hier können sie sich auf ihre Töne konzentrieren. Gerade Kindergartenkinder können frei mit den entsprechenden Dreiklangstönen mitspielen. Achten Sie nur auf die Harmonien.

Baukastenprinzip der Orff-Begleitung

Bei jedem Stück mache ich einige Vorschläge zur Begleitung, die über einen oder mehrere Takte gehen. Dieses musikalische Motiv (Ostinato) sollte dann das ganze Stück über durchgehalten werden. Kinder und Gruppenleitung können natürlich auch eigene Ideen und Erweiterungen einbringen.

Die meisten Stücke stehen im 4/4-Takt. Wenn ich von der »Eins« oder der »Vier« spreche, dann sind das also die entsprechenden Taktschläge. Einige Stücke stehen im 2/4-, 3/4- oder 6/8-Takt.

Sind in der Orff-Begleitung Töne als Akkord notiert, so ist in der Regel ein Kind für einen Ton zuständig, sei es mit einem Klangbaustein oder den Stabspielen. Ältere Kinder können mit zwei Schlägeln auch mehrere Töne übernehmen.

Bei jedem Stück sind die Instrumente genau angegeben. Bass-Xylofone oder tief klingende Klangbausteine tragen zur Erweiterung des Klangbildes bei. Gestimmte Pauken oder Boomwhackers (im Ton gestimmte Röhren) können hinzukommen.

Die von mir beschriebenen Orff-Begleitungen sind als Vorschläge zu verstehen. Lassen Sie sich davon anregen, übertragen Sie Ihre Favoriten auf andere Stücke, nutzen Sie die Anregungen als »Baukasten«. Grundsätzlich sollte die zum Liedtext vorgeschlagene Musikbegleitung in allen Strophen ausgeführt werden, es sei denn, das Stück erfordert durch die Textvorgabe (»Das Kinderorchester«, »Der Musikzug«) unterschiedliche Interpretationen. Bei einigen Stücken finden Sie eine Bassstimme. Sie kann auch von einem Klavier oder E-Bass übernommen werden, sofern kein Bass-Xylofon vorhanden ist.

Zur Auswahl der Lieder

Bei der Liedauswahl habe ich mich von den folgenden Kriterien leiten lassen:

1. zeitgemäße Texte, einfache Harmonien, Tonarten mit nicht mehr als einem Vorzeichen und für die Kinderstimme singbar (Ausnahmen: die Lieder »Zwei lange Schlangen« und »Lied vom Weihnachtsmann«, die mit B-Dur – zwei Vorzeichen – begleitet werden), nicht zu schnelle Akkordwechsel bei zwei oder mehreren Harmonien;
2. vielfältige Liedbegleitungen, z. B. auch für Perkussion.

Kapitel 2 und 3 und einige Stücke aus Kapitel 4 kommen jeweils mit zwei Akkorden aus. Machen Sie dafür eine Vorübung, und verdeutlichen Sie den Harmoniewechsel, indem Sie zur ersten Harmonie klatschen und zur zweiten patschen. Manche Töne kommen in zwei Akkorden vor: F-Dur und C-Dur haben z. B. den gemeinsamen Dreiklangston C. Dieser kann von einem Kind gespielt werden, das mit den Harmoniewechseln noch nicht so gut zurechtkommt.

Tipps zum Instrumentalspiel

Vereinbaren Sie vor jedem Instrumentalspiel Gesten für musikalische Aktionen und für Ruhe. Treffen Sie eindeutige Verabredungen, z. B.: beide Hände ausgestreckt mit Innenseite nach oben – es kann losgehen; Finger vor dem Mund – alle hören zu.

Beim Spiel mit den Kindern ist es wichtig, sich auf einzelne Aufgaben zu konzentrieren. Zur Unterstützung können Sie z. B. folgende Hilfsmittel verwenden:

- Einzelne Töne aus den Stabspielen herausnehmen
- Farbige Punkte auf die Stäbe der Xylofone kleben
- Mit Grafiken (Tafel, Flipchart) arbeiten, etwa den Ablauf pro Takt oder pro halben Takt festhalten (Kapitel 2 bis 4)
- Sich auf hohe oder tiefe Töne spezialisieren
- Festgelegte Intervalle spielen
- Rhythmus wird vom Lehrer durchgehalten, die Kinder spielen dazu
- Die Stücke auf eine Ostinatobegleitung reduzieren, d. h. eine immer wiederkehrende Tonfolge spielen (Kapitel 1)
- Melodischen Schwerpunkt setzen, d. h., Sie singen und spielen eine Melodie gleichzeitig
- Reduktion auf passende Töne aus der Pentatonik (Spiel mit fünf Tönen)

Gehen Sie flexibel mit dem Material um. Bestimmen Sie selbst ihr Tempo. Sie können die Stücke mit kleinen Kindern einfach gestalten oder mit älteren Kindern im Grundschulalter präzise und komplexere Begleitsätze einüben. Dafür und für die eigene kreative Weiterentwicklung zeigt das Liederbuch viele Möglichkeiten auf.

Viel Spaß wünscht Ihnen

Wolfgang Hering

1.
Lieder mit einer Harmonie

Zehn Töne

Akkord: C-Dur
Instrumente: Klangbausteine oder Xylofon und Metallofon (Einzeltöne), Rassel

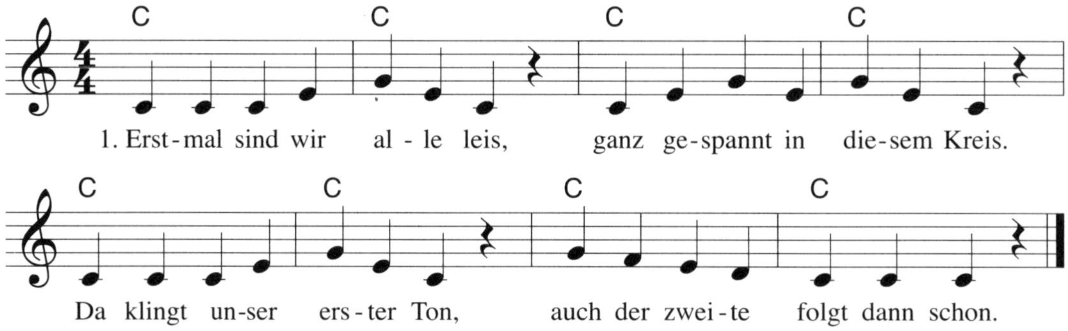

2. Drei und vier, die sind nun dran,
auch der fünfte schließt sich an.
Sechster Ton kommt mit viel Macht,
danach siebter und die Acht.

3. Neun und zehn, die drängen sehr,
kommen auch noch hinterher.
Jeder Ton hat sich getraut,
und das klingt schon ganz schön laut.

4. Alle haben was zu tun,
Hand in Hand klingt alles nun.
Hier strengt sich ein Jedermann
bei dem Spielen mächtig an.

5. Alle Töne sind gut drauf,
dann hör'n wir ganz einfach auf.
Immer leiser werden wir,
nichts mehr klingt am Ende hier.

ORFF-BEGLEITUNG

Verteilen Sie an die Kinder je einen Klangbaustein mit einem der Dreiklangstöne C, E oder G, sodass es insgesamt zehn Töne sind. Jeder Dreiklangston klingt also doppelt und dreifach; wenn möglich kommen andere Tonlagen hinzu. Die Kinder haben z. B. viermal den Klangbaustein Ton C, dreimal E und dreimal G in der Hand.

Klangbaustein Ton C

Klangbaustein Ton E

Klangbaustein Ton G

Rassel:

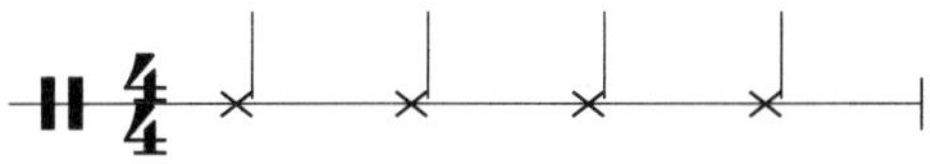

Falls Sie keine zehn Klangbausteine haben, nutzen Sie auch Stabspiele. Dort nehmen Sie alle Klangstäbe bis auf die ausgewählten Töne heraus. Dann legen Sie mit Ihrer Gruppe die Reihenfolge der Töne fest. In den ersten drei Strophen sollen die Kinder ihren Ton spielen, wenn er im Text an der Reihe ist. Sie fangen an zu singen. Dem Text folgend spielen die kleinen Musikanten dann ihren Ton. In der vierten Strophe dürfen alle frei spielen, und mit der fünften Strophe hören alle gemeinsam auf. Bei kleineren Kindern müssen Sie entsprechend lange Pausen beim Spielen der Töne einplanen. Mit einer Rassel können Sie den Grundschlag mitspielen.

SPIELANREGUNG

Die Kinder können eine Nummer ziehen und sich dann ein Instrument aussuchen. Entweder setzen sie sich in der entsprechenden Reihenfolge vom ersten bis zehnten Instrument in einen Stuhlkreis, oder es erhebt sich das jeweilige Kind und spielt seinen Ton im Stehen. Summen Sie erst den Grundton und beginnen dann das Stück a cappella (ohne Instrumente) zu singen, bis ein Kind den ersten Ton spielt.

Jetzt geht's los

Akkord: d-Moll
Instrumente: Klangbausteine oder Xylofon, Klanghölzer, Rassel

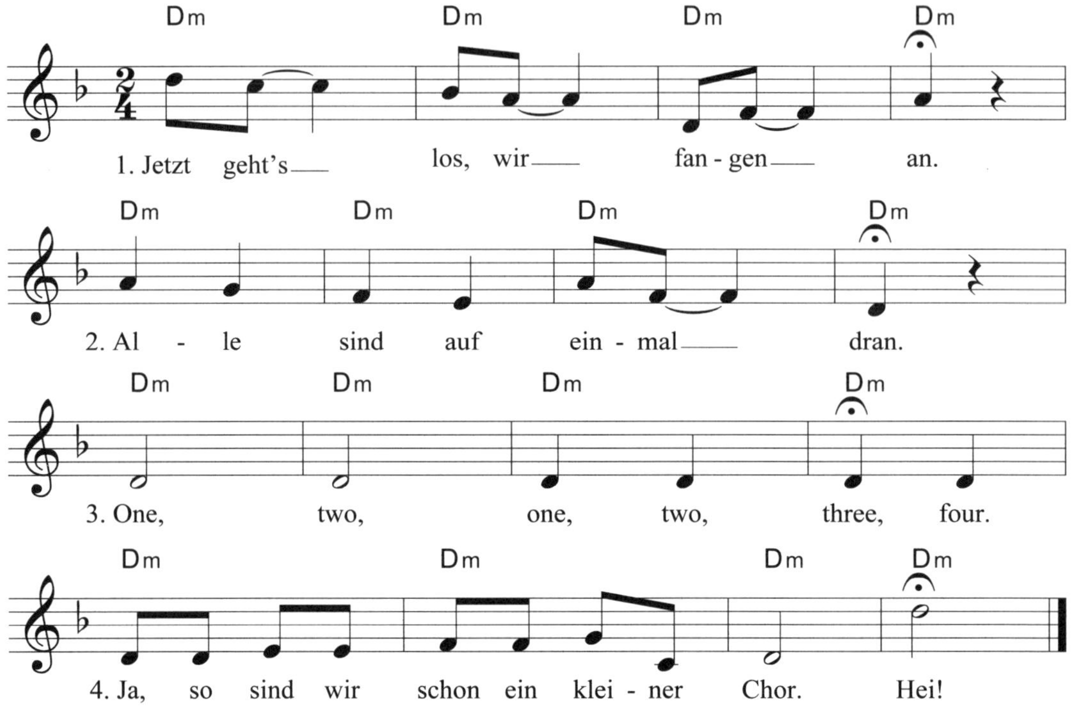

ORFF-BEGLEITUNG

Das Stück wird mit einer Harmonie begleitet, und zwar dem Akkord d-Moll, bestehend aus D, F und A. Sie verteilen die Klangbausteine an die Kinder. Dann singen Sie das Stück. Kleine Kinder spielen beliebig ihren Ton mit. Ältere Kinder spielen kontrolliert auf die Eins eines jeden Taktes, sodass immer ein Dreiklang entsteht. Auf Xylofonen spielen die Kinder mit zwei Schlägeln jeweils einen Zweiklang, wie auf der CD zu hören ist. Die Melodie der ersten Zeile muss wohl mehrmals geübt werden.

Klangbaustein Ton D

Klangbaustein Ton F

Klangbaustein Ton A

Xylofon:

Die Klanghölzer spielen im gleichen Rhythmus mit:

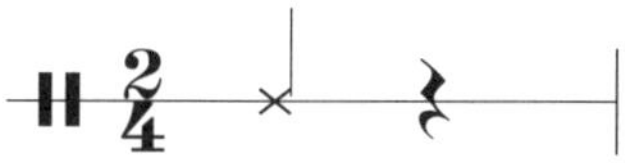

Die Rassel spielt jeden Taktschlag:

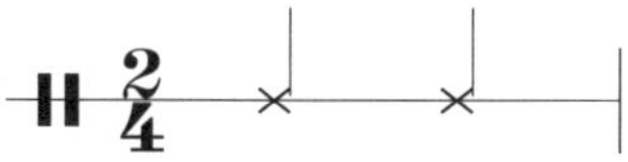

SPIELANREGUNG

Ein Begrüßungslied, das sich auch gut als zwei- oder vierstimmiger Kanon singen lässt. Die Fermate 𝄐 kennzeichnet den Schluss. Das letzte Wort kann laut herausgerufen werden. Oder Sie singen mit Ihren Kindern das Lied immer leiser – bis auf das letzte Wort (Hei!).

Kriecht die Schnecke

3

Akkord: F-Dur
Instrumente: Klangbausteine oder Xylofon, Tamburin, Rassel

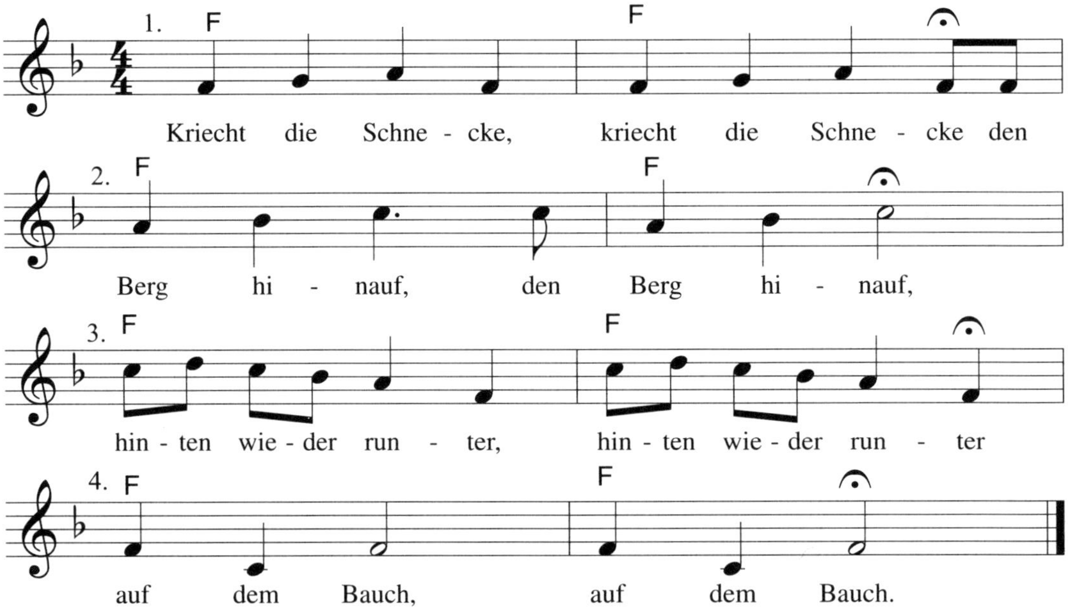

T/M: traditionell, Bearbeitung: Nicolas und Wolfgang Hering,

ORFF-BEGLEITUNG

Hier setzt sich der Dreiklang aus den Tönen F, A und C zusammen. Entweder Sie haben genügend Klangbausteine und jedes Kind übernimmt einen Ton, oder Sie präparieren ihre Stabspiele, indem Sie z. B. nicht zu verwendende Stäbe umdrehen, sodass nur die Stäbe mit Notenaufdruck von den Kindern angeschlagen werden. Je nach Alter spielen die Kinder ihren Ton frei oder im unten aufgeführten Rhythmus.

Klangbaustein Ton F

Klangbaustein Ton A

Klangbaustein Ton C

Die Töne werden auf die Eins, Zwei und Drei in jedem Takt gespielt.

Xylofon oder Klangbausteine:

Als Rhythmusinstrument setzen Sie Tamburins ein – mit folgendem Ablauf (für das gesamte Lied ohne Vor- und Nachspiel):

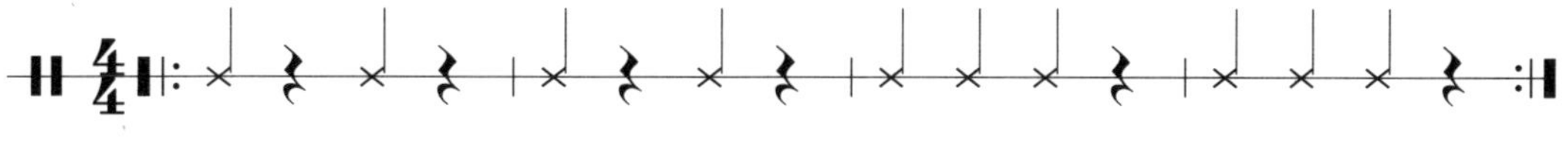

Die Rassel spielt die Achtel:

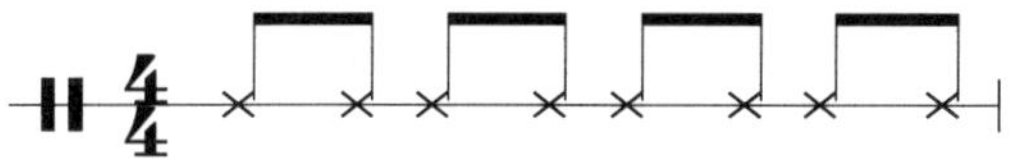

SPIELANREGUNG

Auf die Melodie von »Bruder Jakob« gibt es unzählige Text- und Spielvarianten. Als Bewegungskanon: Wer nicht an den Orff-Instrumenten sitzt, führt folgende Bewegungen aus: Zeige- und Mittelfinger krabbeln von den Seiten her über den Bauch, sodass sich die Arme überkreuzen. Bei der Wiederholung laufen die Finger rückwärts bis zum Ausgangspunkt. Wichtig ist, dass die Finger möglichst langsam krabbeln und sich den Weg einteilen.

Als Spiellied im Sitzen oder im Stehen: Zwei Finger sind die Fühler der Schnecke, die während der ersten vier Takte einen Arm oder imaginären Berg hochsteigen und im letzten Teil zurückwandern.

Ein Huhn, das fraß

Akkord: C-Dur
Instrumente: Klangbausteine oder Xylofon, Klanghölzer oder Holzblocktrommel

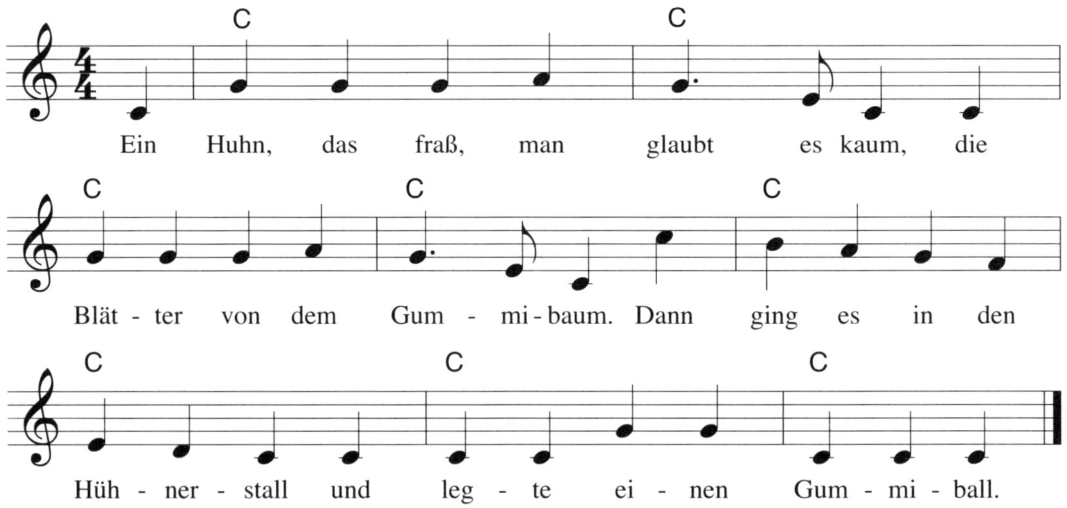

T/M: traditionell, Bearbeitung: Nicolas und Wolfgang Hering, © 2007 Schott Music GmbH & Co. KG, Mainz

ORFF-BEGLEITUNG

Verwenden Sie alle vorhandenen Stabspiele und entfernen Sie alle Töne außer den Dreiklangstönen von C-Dur: C, E und G. Sie singen das Lied – kleine Kinder können beliebig mitspielen, ältere Kinder halten den Rhythmus ein, wie er auf der CD zu hören ist: mit dem Schlag auf Eins und Vier. Beachten Sie den Auftakt. Am besten machen Sie ein Vorspiel und beginnen, auf dem 4. Taktschlag das Lied zu singen. Auf Xylofonen werden Zweiklänge gespielt.

Xylofon:

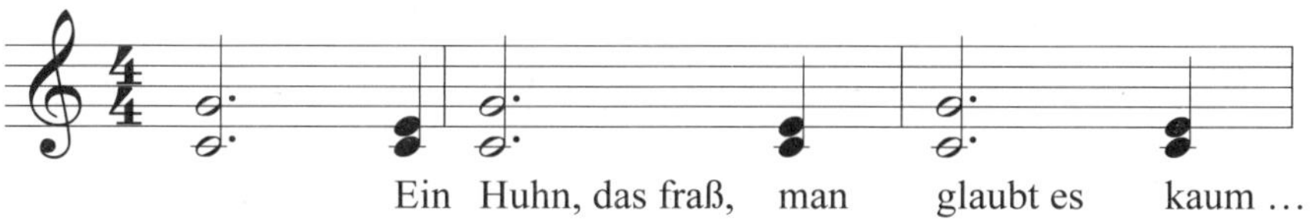

Die Kinder begleiten das Stück mit Klanghölzern oder Holzblocktrommel im gleichen Rhythmus:

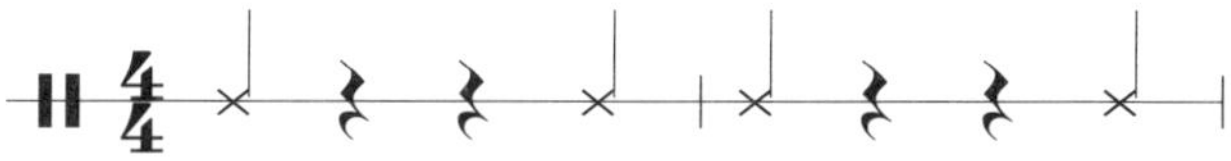

Takt 5 und 6 werden durchgespielt:

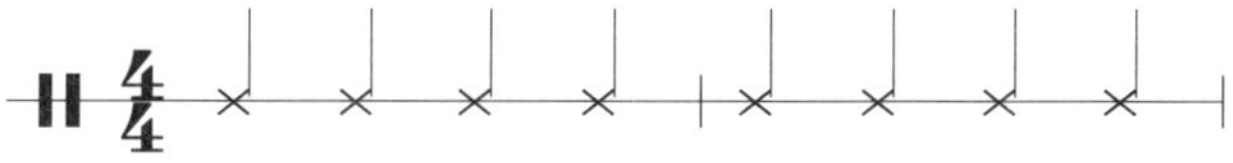

SPIELANREGUNG

Dieses Lied ist auch als Kanon zu singen. Einfach mal ausprobieren! Die Kinder können den Gummiball mit den Händen pantomimisch darstellen.

Der Papagei

Akkord: a-Moll
Instrumente: Klangbausteine oder Xylofon, Klanghölzer oder Wooden-Agogo, Rassel

2. Er plappert immerfort
und merkt sich jedes Wort.
Er hält die Luft kurz an,
was kommt als Nächstes dran?

ORFF-BEGLEITUNG

Das Stück wird mit einer Harmonie, der Paralleltonart von C-Dur, begleitet: mit a-Moll. Sie verteilen die Klangbausteine mit den Tönen A, C und E an die Kinder. Auf der CD hören Sie zuerst die komplette Melodie. Als Zwischenspiel und am Ende sind zwei Takte eingespielt.

Klangbaustein Ton A

Klangbaustein Ton C

Klangbaustein Ton E

Der Zwei- bzw. Dreiklang wird auf Eins, Zwei und Drei gespielt.

Xylofon:

Klangbaustein (Töne werden verteilt):

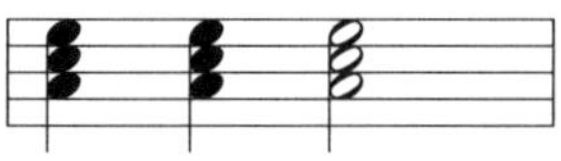

Klanghölzer oder Wooden-Agogo:

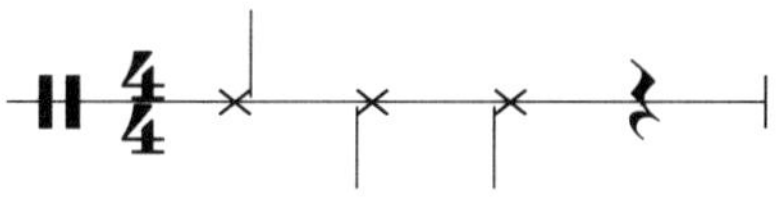

Wenn Ihnen ein Wooden-Agogo mit zwei Klangfarben zur Verfügung steht, dann variieren Sie den Begleitrhythmus.

Rassel:

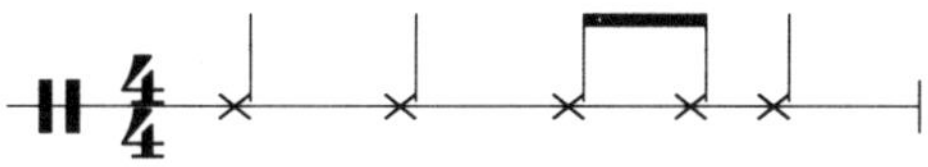

SPIELANREGUNG

Eine oder beide Strophen werden als Refrain gesungen. Dann ist ein Kind dran, spricht irgendetwas Verrücktes vor, und alle plappern es nach.

Tanz der wilden Pferde

6

Akkord: e-Moll
Instrumente: Klangbausteine oder Xylofon, Holzblocktrommel, Bongos oder Handtrommel

2. |: Wer kann sie fangen,
die wilden, wilden Pferde? :|
Das kann der Cowboy,
er schwingt sein Lasso.
Bringt sie zum Stall,
die wilden, wilden Pferde.

3. |: Jetzt geht's zur Arbeit
ihr wilden, wilden Pferde. :|
Kommt, helft dem Bauern,
zieht ihm den Wagen.
Jetzt geht's zur Arbeit,
ihr wilden, wilden Pferde.

ORFF-BEGLEITUNG

So wild wie die Pferde sind, können auch die Töne angeschlagen werden. Sie verwenden nur Töne von e-Moll: E, G, und H – entweder auf Klangbausteinen oder Xylofonen. Vorspiel und Zwischenspiele umfassen auf der CD jeweils zwei Takte.

Klangbaustein Ton E

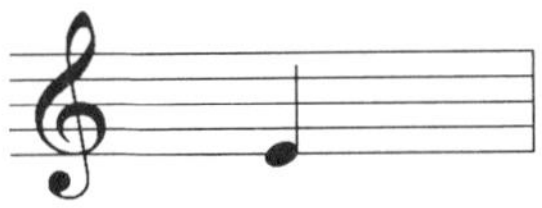

Klangbaustein Ton G

Klangbaustein Ton H

Im Teil 1 werden die Töne auf Eins und Vier, im zweiten Teil auf Eins, Zwei und Vier angeschlagen. Beim Spiel mit Klangbausteinen werden die Töne auf die Kinder verteilt.

Xylofon Teil 1:

Xylofon Teil 2:

Folgendes Rhythmusmotiv wird mit der Holzblocktrommel durchgehalten:

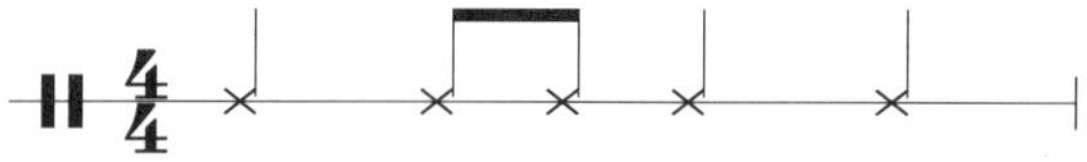

Bongos oder Handtrommel:

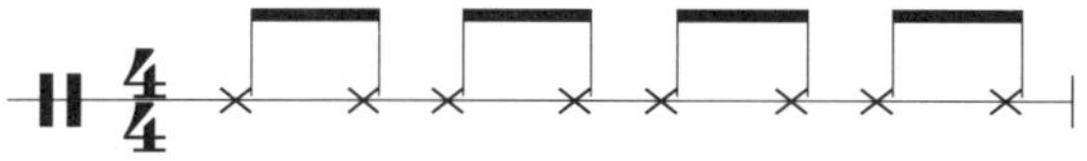

SPIELANREGUNG

Gerda Bächli, Schweizer Musikpädagogin, hat dieses einfache und animierende Bewegungslied geschrieben. Zum ersten Teil reiten die Kinder der Spielgruppe als wilde Horde durch die Gegend. Im zweiten Abschnitt bleiben sie stehen und stampfen mit ihren Hufen auf der Stelle. Danach »erklingen ihre Schellen«. Jede Liedhälfte kann wiederholt werden.

Der schöne Gruß

Akkord: C-Dur
Instrumente: Xylofon, Klanghölzer, Holzblocktrommel, Becken

T: Claudia Höly/M: Rainer Johann Gross, © bei den Autoren

ORFF-BEGLEITUNG

Die Xylofonbegleitung wird jeweils als Zweiklang gespielt. Klanghölzer und Holzblocktrommel können versetzt einsteigen. Hören Sie sich den Ablauf auf der CD an. Der Auftakt beginnt mit dem vierten Taktschlag. Zählen Sie bis Drei, und fangen Sie dann an zu singen. Das Stück endet mit einem Beckenschlag auf der Vier im letzten Takt. Achten Sie auf die Pausen! Sie können die Begleitung auch vereinfachen bzw. noch weitere Perkussionsinstrumente hinzunehmen.

Xylofon Motiv 1 (Takt 2 + 3, 7 + 8):

Xylofon Motiv 2 (Takt 4 + 5, 10 + 11):

Klanghölzer (Takt 1 + 2, 6 + 7) und Holzblocktrommel (Takt 2 + 3, 7 + 8):

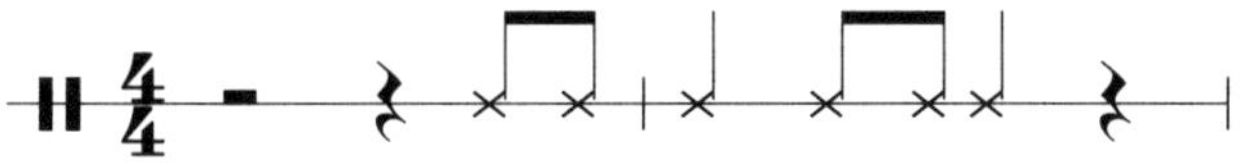

Klanghölzer Motiv 2 + Holzblocktrommel (Takt 9–11):

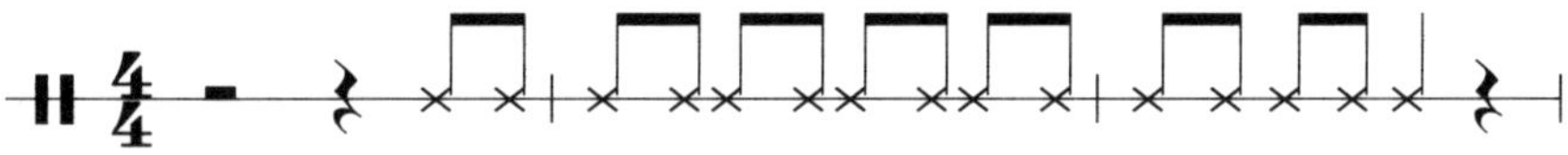

Im 9. Takt kommt der Klang einer Guiro und im letzten Takt auf die Vier ein Beckenschlag.

SPIELANREGUNG

Vorübung: Alle Kinder haben einen Schlägel in der Hand und berühren beim Singen jeweils den im Text genannten Körperteil.

Als Kreisspiel: Zuerst wird ein Fuß, dann der Bauch, danach der Rücken, eine Hand und schließlich der Po in die Mitte gestreckt. Versuchen Sie, bei den Füßen, Händen und Pobacken die Bewegungsabfolge jeweils mit rechts und dann in einem zweiten Durchgang mit links auszuführen.

So ein Pech

Akkord: e-Moll
Instrumente: Xylofon, ggf. Bass-Xylofon, Metallofon, Handtrommel, Rassel, Becken

2. Wenn ich auf den Kinofilm
in einer Schlange warte,
kauft bestimmt der Mann vor mir
die allerletzte Karte.

3. Fliegt hier eine Schnake rum,
na, die wird was erleben.
Doch am Ende sticht sie mich,
und ich hau knapp daneben.

4. Will ich einmal schwimmen gehn,
bei dreißig Grad im Schatten,
fahr ich mit dem Fahrrad los,
gleich hab ich einen »Platten«.

5. Fahr ich mit dem Fahrrad los,
schau abends in die Sterne,
fahr ich diesmal nicht vorbei,
fahr voll vor die Laterne.

T: Wolfgang Hering und Bernd Meyerholz, © bei den Autoren/M: traditionell

ORFF-BEGLEITUNG

Refrain und Strophen werden mit den Stabspielen verschieden begleitet. Beide Abschnitte können Sie gleichzeitig oder versetzt als Kanon singen lassen. Wieder besteht unser Tonmaterial aus den Dreiklangstönen von e-Moll: E–G–H. Sofern entsprechende Bass-Xylofone vorhanden sind, spielen Sie die zwei Basstöne E und H mit.

Xylofon Strophe:

Metallofon Refrain:

Handtrommel Strophe:

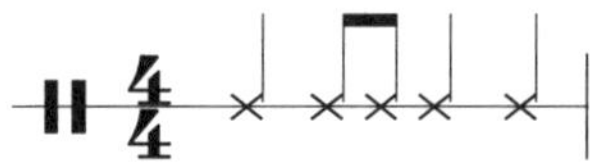

Handtrommel Refrain:

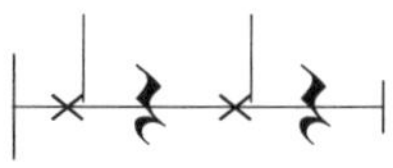

Rassel Strophe/Refrain:

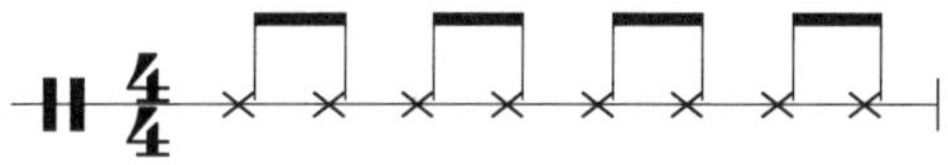

Becken nur Refrain:

SPIELANREGUNG

Denken Sie sich eigene »Pechstrophen« aus. Versuchen Sie, die einzelnen Strophen mit den Kindern als Rollenspiel in Szene zu setzen.

Wir räumen auf

9

Akkord: C-Dur
Instrumente: Klangbausteine oder Xylofon (eventuell mit dem Ton B), Becken, Tamburin

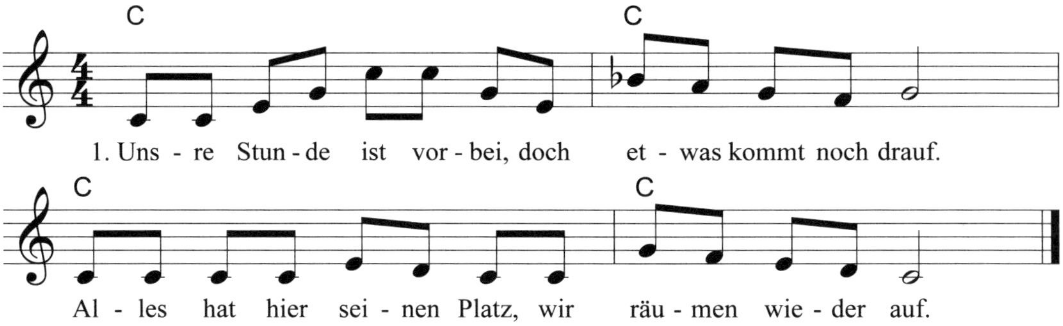

2. Wir verwandeln uns ganz schnell in
einen Putzverein.
Saubermachen, das muss eben
auch am Ende sein.

3. Wo die Sachen stehen, das ist
wirklich nicht egal.
Wiederfinden wollen wir sie
gleich beim nächsten Mal.

ORFF-BEGLEITUNG

Obwohl sich in die Melodie ein »B« eingeschlichen hat, kann das Stück mit einer Harmonie, dem Dreiklang von C-Dur, begleitet werden: C, E, G. Möglich ist, das Stück auch mit vier Klangbausteinen zu spielen. Sie können auf den Stabspielen das H durch ein B ersetzen und so den Vierklang C^7 mit den Tönen C, E, G, B gestalten. Alle anderen Töne entfernen Sie aus den Instrumenten. Das Vor- und die Zwischenspiele umfassen auf der CD jeweils zwei Takte.

Klangbaustein Ton C

Klangbaustein Ton E

Klangbaustein Ton G

Klangbaustein Ton B

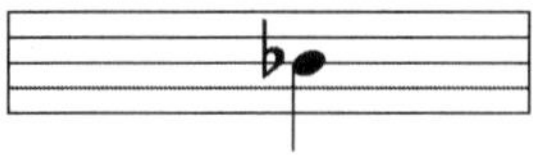

Mit Xylofonen wird in folgendem Rhythmus jeweils ein Zweiklang gespielt:

Das Becken schlägt auf die Eins:

Das Tamburin schlägt abwechselnd ein Viertel und zwei Achtel:

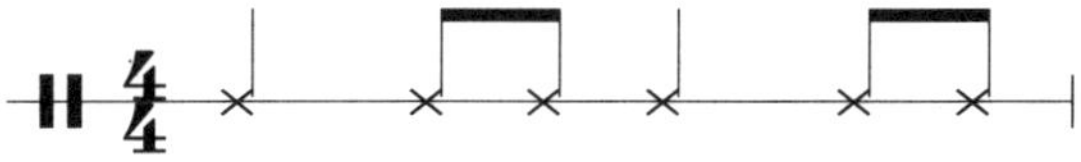

SPIELANREGUNG

Zu jedem Spiel mit Instrumenten gehört auch das Aufräumen. Warum sollte man dies nicht in den Stundenablauf spielerisch einbauen? Sie fangen mit möglichst vielen Instrumenten an. Nach dem Durchgang verstauen die Kinder der Reihe nach ihre Instrumente an ihrem Lagerplatz.

2.
Lieder mit den Akkorden C-Dur und G-Dur

Der Cowboy Bill

10

Akkorde: C-Dur/G-Dur
Instrumente: Xylofon oder Klangbausteine, Cymbeln oder Schellenkranz, Tamburin

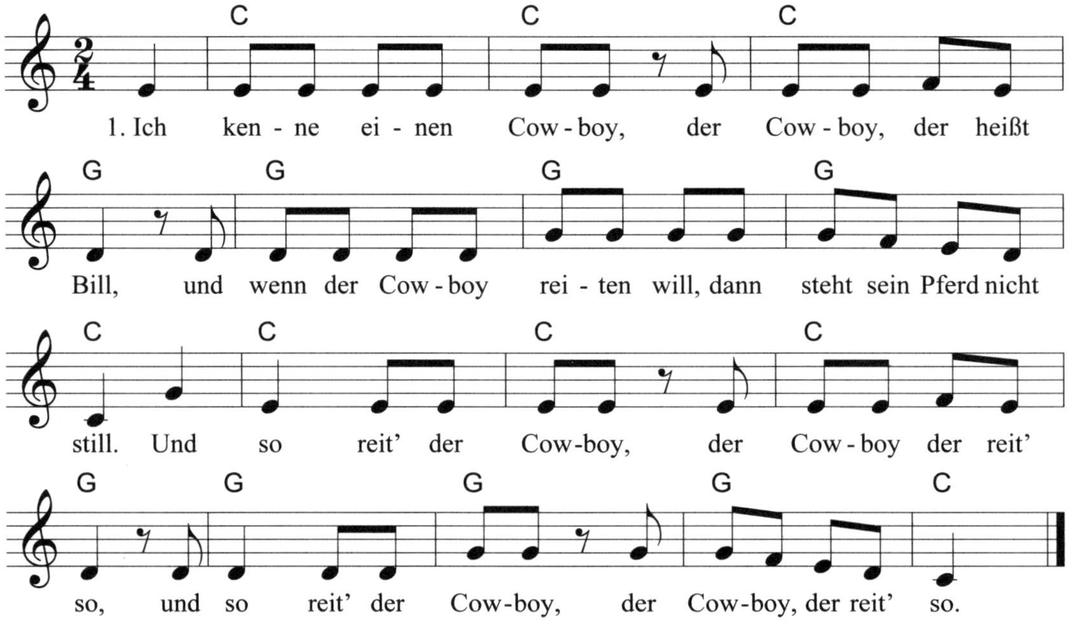

2. Ich kenne einen Cowboy,
der Cowboy, der heißt Bill,
und wenn der Cowboy Lasso wirft,
dann steht sein Pferd nicht still.
Und so wirft er Lasso,
das Lasso wirft er so.
Und so wirft er Lasso,
das Lasso wirft er so.

3. Ich kenne einen Cowboy,
der Cowboy, der heißt Bill,
und wenn der Cowboy schießen will,
dann steht sein Pferd nicht still.
Und so schießt der Cowboy,
der Cowboy, der schießt so.
Und so schießt der Cowboy,
der Cowboy, der schießt so.

4. Ich kenne einen Cowboy,
der Cowboy, der heißt Bill,
und wenn der Cowboy trinken will,
dann steht sein Pferd nicht still.
Und so trinkt der Cowboy,
der Cowboy, der trinkt so.
Und so trinkt der Cowboy,
der Cowboy, der trinkt so.

ORFF-BEGLEITUNG

Dieses Stück wird, wie alle anderen Titel dieses Kapitels auch, mit zwei Harmonien begleitet: C-Dur und G-Dur. Üben Sie erst den Wechsel mit zwei Klanggesten: Klatschen und Patschen.

Sie können die Kinder nun in die »C-Dur-« und »G-Dur-Gruppe« aufteilen. Jedes Kind bekommt einen Klangbaustein. In jedem Abschnitt dürfen nur die entsprechenden Dreiklangstöne vorkommen. Sie übernehmen selbst die Dirigentenrolle und geben den Kindern den Einsatz. Beachten Sie den Auftakt, und beginnen Sie mit einem Vorspiel mit zwei Takten, wie es auf der CD zu hören ist. Alle Begleitakkorde kommen auf die Eins. Mit Xylofonen spielen Sie abwechselnd Viertel.

Xylofon C-Dur

Xylofon G-Dur

Kuhglocke, Cymbeln oder Schellenkranz spielen folgenden punktierten Rhythmus:

Das Tamburin spielt den Gegenschlag:

SPIELANREGUNG

Das Lied wird zunächst Strophe für Strophe gesungen und dann gespielt. Die Kinder stellen die jeweiligen Aktivitäten durch Gesten dar.

Als Reihenlied: Verschiedene Bewegungen werden jeweils aneinandergehängt. Am Ende der vierten Strophe könnte es z. B. heißen: »... und so trinkt der Cowboy ... und so schießt der Cowboy ... und so wirft er Lasso ... und so reit' der Cowboy ...« Die Kinder erfinden sicher noch mehr Strophen.

Hurra, wir fahren heut durch Musika

Akkorde: C-Dur/G-Dur
Instrumente: Xylofon oder Klangbausteine, Trommel, Schellenkranz, Cymbeln, Becken, Tamburin, Rassel

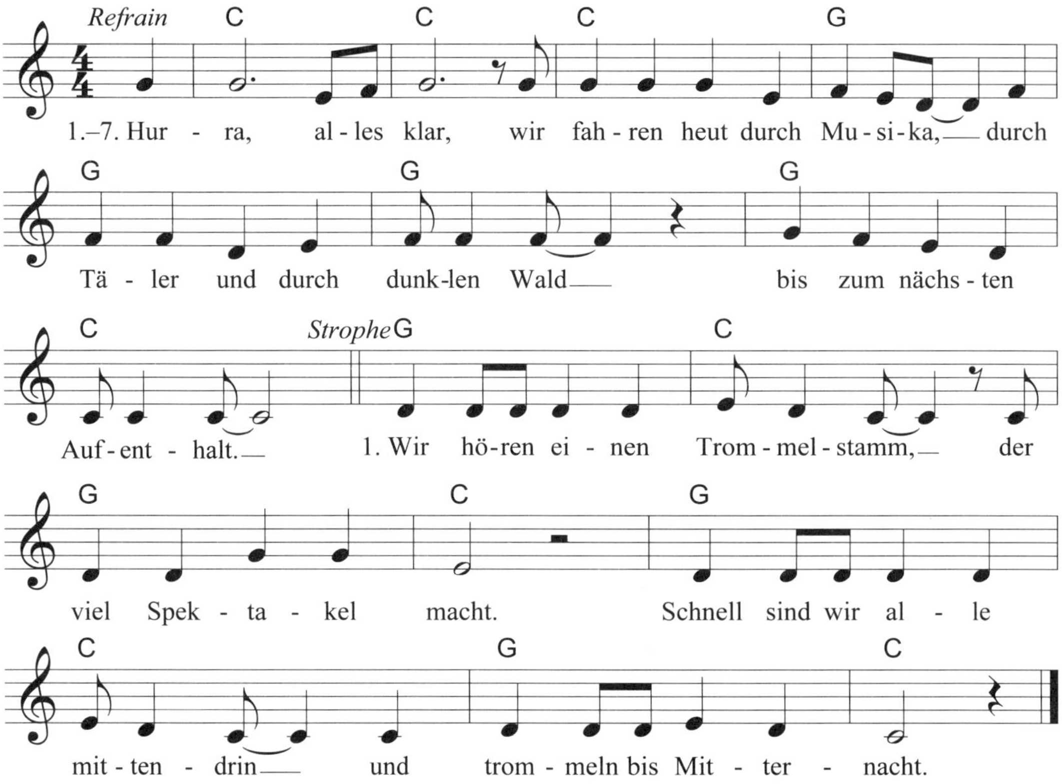

2. Wir kommen dann zu einem Dorf,
dort spielt man Schellenkranz.
Viel gerühmt wird weit und breit
ihr ganz verrückter Tanz.

3. Cymbalesen spielen gern,
auf Cymbeln, wohlbekannt.
Zwei Plättchen machen einfach Platsch,
das klingt durchs ganze Land.

4. Im Beckental, da geht es rund,
da klingen Töne lang.
Da scheppert es mal hier, mal da,
ein ziemlich lauter Klang.

5. Wir kommen auch in eine Stadt,
mit Namen Tamburin.
Aus jedem Haus, da schallt es raus,
wenn wir vorüberziehn.

6. Die Rasseln rasseln unentwegt
im Urwald weit und breit.
Wie eine Rasselbande klingt,
das hör'n wir meilenweit.

7. Klar, dass jetzt das Finale kommt,
jeder ist noch mal dran.
Die Instrumente sind so laut,
dass man's weithin hören kann.

ORFF-BEGLEITUNG

Beim Refrain gilt dasselbe Harmonie-Schema wie beim Lied vom Cowboy Bill: Drei Takte C-Dur, vier Takte G-Dur und ein Takt C-Dur. In den Strophen ändert sich jedoch die Akkord-Abfolge. Es wechseln sich taktweise C- und G-Dur ab (Töne einzeln an die Kinder verteilen). Die Xylofone oder Klangbausteine spielen auf jeden Taktschlag.

Klangbausteine C-Dur:

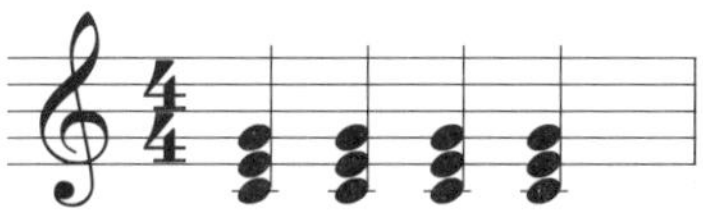

Klangbausteine G-Dur:

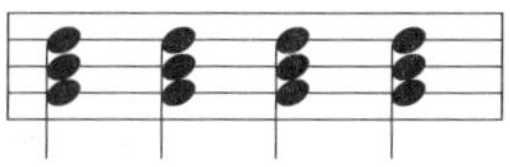

Trommel:

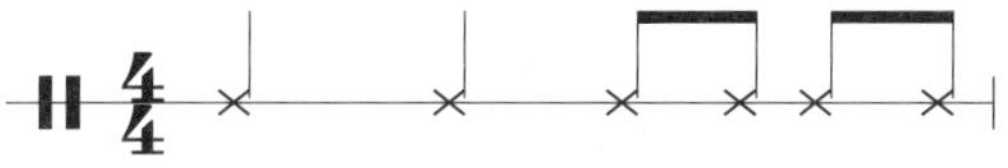

In den Strophen kommen einzelne Instrumente dazu: Schellenkranz, Cymbeln, Becken, Tamburin, Rasseln. Am Ende spielt das gesamte Orchester zusammen.

SPIELANREGUNG

Zum Refrain läuft eine Spielgruppe kreuz und quer (oder auch im Kreis) herum. Dann bleiben alle stehen und spielen pantomimisch die angesprochenen Instrumente. Vereinbaren Sie ein gemeinsames Schlussbild. Auf der CD kommen jeweils zwei Strophen hintereinander.

Das Kinderorchester

12

Akkorde: C-Dur/G-Dur
Instrumente: Xylofon, Klanghölzer, Triangel, Wooden-Agogo oder Holzblocktrommel, Handtrommel

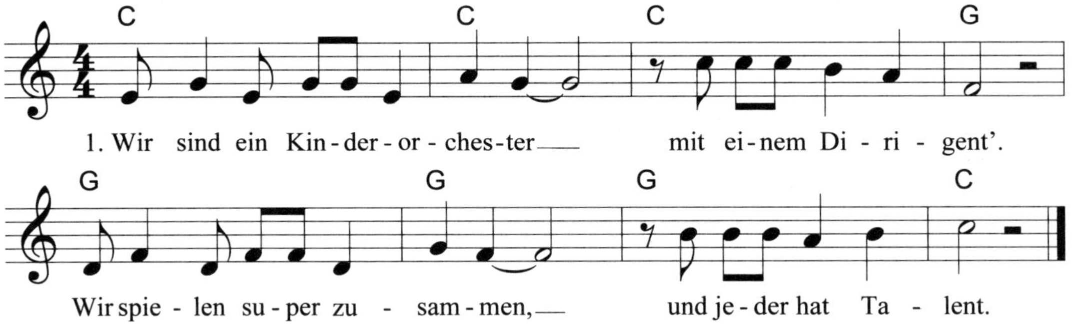

2. Los geht's mit Instrumenten,
   bestehend aus Metall.
   Es klingen lang die Töne,
   wir lauschen ihrem Schall.

3. Da kommen andre Spieler,
   die schlagen nur auf Holz.
   Klappt das gleich gut zusammen,
   da sind sie richtig stolz.

4. Wir hören Instrumente,
   die haben nur ein Fell.
   Sie trommeln erst ganz langsam
   und dann so richtig schnell.

5. Wer fehlt noch in der Runde
   bei diesem kleinen Fest?
   Da kommt ja vom Orchester
   noch der gesamte Rest.

6. Dann spielt die Großkapelle
   gemeinsam mit viel Kraft.
   Achtung, es kommt das Ende,
   das Stück, das ist geschafft.

ORFF-BEGLEITUNG

Die Liedmelodie reibt sich etwas mit der Orff-Begleitung. Die Stabspiele bleiben im folgenden Grundrhythmus:

Xylofon C-Dur:

Xylofon G-Dur:

Die Klanghölzer spielen folgendes Motiv durch:

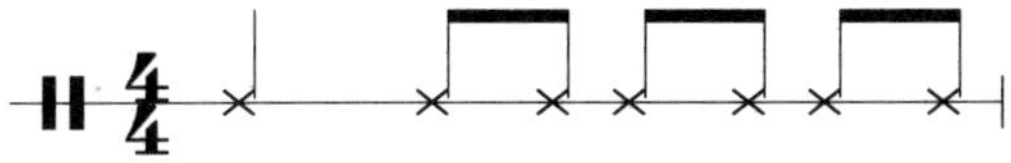

In der zweiten Strophe spielt die Triangel auf die Eins eines Taktes:

Wooden-Agogo (es klingen zwei unterschiedliche Töne) oder Holzblocktrommel oder Klanghölzer:

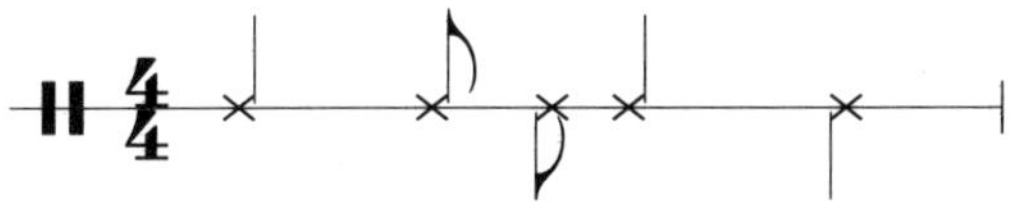

In der vierten Strophe kommt die Handtrommel hinzu:

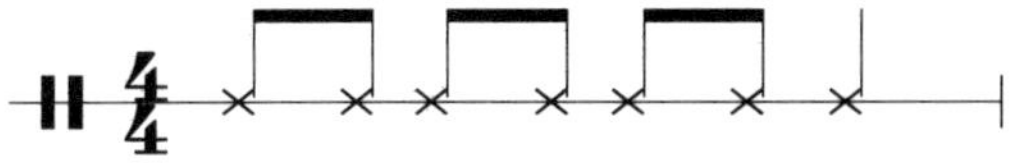

In der fünften Strophe schließen sich weitere Instrumente an. Es kann auch die eigene Stimme verwendet werden. Schließlich spielen alle Instrumente zusammen.

SPIELANREGUNG

Die Kinder werden in vier Instrumentengruppen aufgeteilt: Holz, Metall, Fell und »der Rest«. Jede Combo kann einzeln spielen, oder es kommt immer eine Instrumentengruppe hinzu. Entweder Sie selbst oder ein Kind ist Dirigent mit einem Taktstock. Vereinbaren Sie ein Signal für das Ende.

Auf der CD finden Sie das Playback mit Instrumentalmelodie, so dass Sie selbst mit den Kindern mitsingen können.

Der fliegende Bus

Akkorde: C-Dur/G-Dur
Instrumente: Xylofon, Schellenkranz, Wooden-Agogo, Handtrommel, Congas oder Bongos

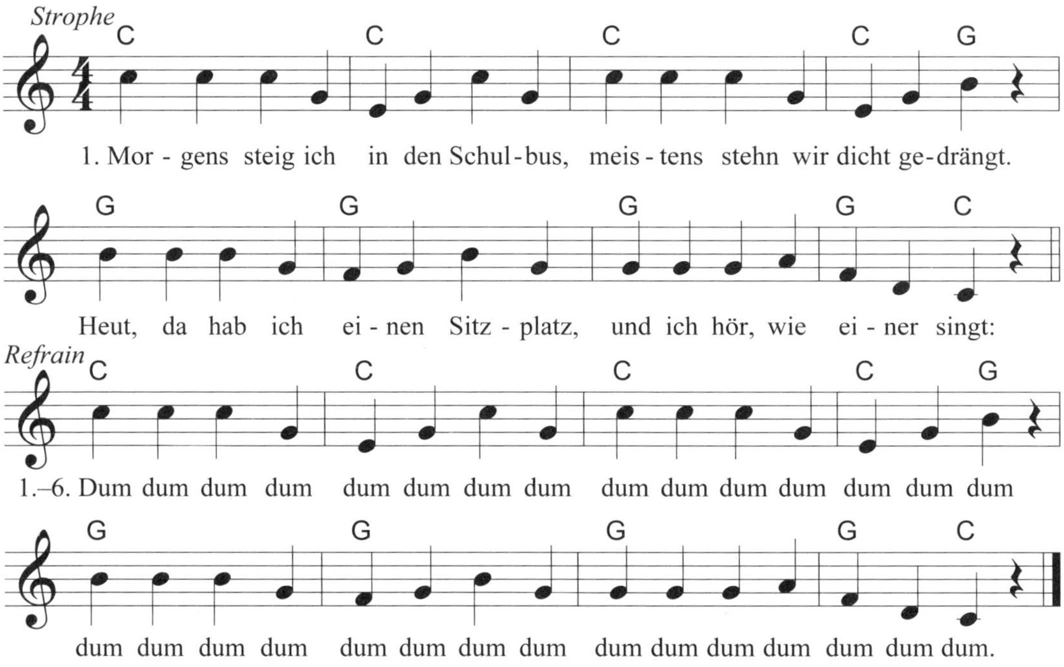

2. Will noch eine Runde schlafen,
träum im Sitzen irgendwie.
Plötzlich brummt der Busmotor
eine leise Melodie:

3. Jeden Tag fahr ich zur Schule,
weil ich dorthin fahren muss,
doch da ist jetzt was Besond'res,
denn es brummt der ganze Bus:

4. Schließlich stehn wir vor der Schule,
alle Schüler strömen raus.
Und da hör ich meinen Lehrer,
ach, ich halt das nicht mehr aus:

5. Mittags nach der letzten Stunde,
fährt der Bus wieder zurück.
Plötzlich fängt er an zu fliegen,
macht am Himmel die Musik:

6. Und wir kurven durch die Wolken,
hoch hinauf zu einem Stern.
Und ich kann die andren Sterne
durch das Weltall singen hör'n:

T/M: Wolfgang Hering,

ORFF-BEGLEITUNG

Strophe und Refrain haben die gleiche Melodie. Gegebenenfalls spielt die Gruppenleitung oder ein älteres Kind die Melodie auf einem Xylofon mit. Überlegen Sie mit den Kindern Klanginstrumente, die zu einem Bus passen.

Die Xylofone spielen auf die Viertel.

Xylofon C-Dur:

Xylofon G-Dur:

Probieren Sie folgenden Rhythmus mit einem Schellenkranz oder einer zweistimmigen Wooden-Agogo:

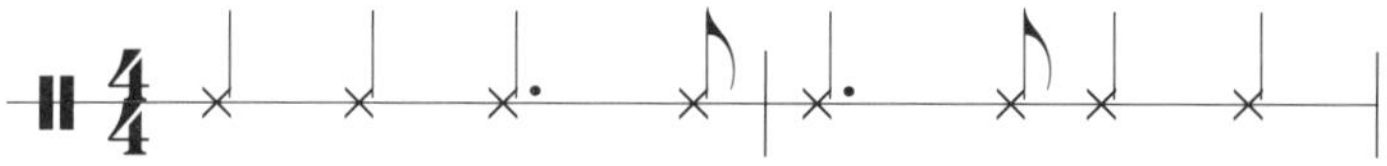

Diesen Rhythmus spielen Handtrommel, Congas oder Bongos:

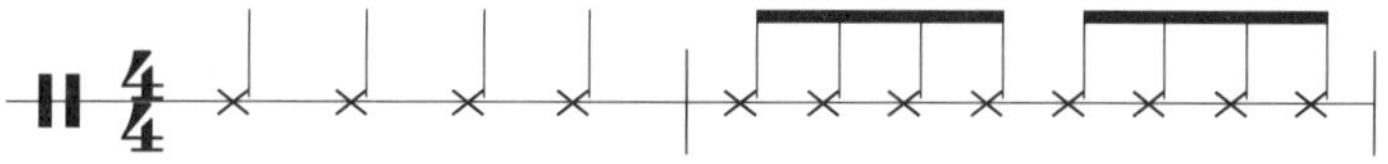

SPIELANREGUNG

Dieses Lied ist anlässlich einer Mitmachaktion für den Nordhessischen Verkehrsverbund entstanden. Motto: »Weniger mit dem Auto fahren und öffentliche Verkehrsmittel nutzen.«

Die Kinder singen die Silben »Dum dum« in jeder Strophe anders:

1. normal,
2. ganz leise,
3. ganz laut,
4. ganz tief,
5. ganz hoch.

Der Schluss-Refrain kann auch in einem halbierten Tempo angestimmt werden. Und wer mag, kann sich andere Nonsens-Silben für den Refrain ausdenken.

Schafft ihr das?

14

Akkorde: C-Dur/G-Dur
Instrumente: Xylofon, Wooden-Agogo, Klanghölzer, Congas oder Bongos, Rassel

2. Und zwei Finger gehn als Käfer
bis zum allerhöchsten Platz,
klettern dann die Ohren runter,
auf den Mund gibt's einen Schmatz.

3. Schiebt die Hände zu den Füßen,
kurz mal mit den Knien gewippt,
wackelt noch an euren Zehen
und dann auf den Bauch getippt.

4. Stellt euch jetzt auf einen Fuß nur,
den andern haltet ihr ans Knie.
Wem gelingt das hier am längsten,
wer steht jetzt so bis morgen früh?

Refrain (2x)

T/M: Wolfgang Hering,

ORFF-BEGLEITUNG

Die Begleitung setzt sich für jede Harmonie aus zwei Tönen zusammen. Gespielt wird in folgendem Rhythmus:

Xylofon C-Dur:

Xylofon G-Dur:

Die rhythmische Begleitung auf den Schlaginstrumenten geht über zwei Takte – Wooden-Agogo oder Klanghölzer:

Congas oder Bongos spielen durch:

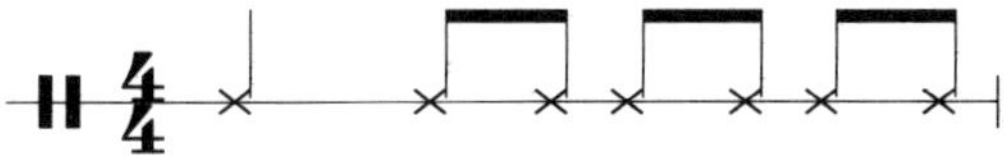

Im Refrain kommt die Rassel dazu:

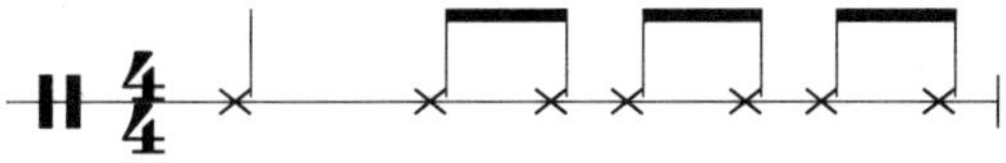

Am Ende wird der Refrain auf der CD wiederholt.

SPIELANREGUNG

Zum Refrain können alle mitklatschen oder ein kleines Tänzchen aufs Parkett legen, z. B. eingehakt zu zweit im Kreis drehen. Zu den Strophen versuchen die Kinder, alle Bewegungsabfolgen mitzumachen. Das ist in der vierten Strophe gar nicht so einfach. Sie können sich auch einzelne Strophen herausgreifen und mehrmals üben.

Am Ende wird das ganze Lied in flottem Tempo in Szene gesetzt. In der ersten und zweiten Zeile können die letzten beiden Wörter in der Pause als Chorgesang wiederholt werden (also »Fliege« und »Nase« in der 1. Strophe).

Nackidei

15

Akkorde: C-Dur/G-Dur
Instrumente: Xylofon, ggf. Bass-Xylofon, Cymbeln, Rassel, Becken

2. Dem Schaf wird in der Wolle heiß
und von der Stirn rinnt ihm der Schweiß,
doch nach der Schur sagt es: »Ja mei,
des is fantastisch, nackidei.«

3. Das Küken hält es nicht mehr aus,
will endlich aus dem Ei heraus.
Zerpickt die Schale eins, zwei, drei.
Plumps – da liegt es, nackidei.

4. Dem Karpfen fall'n die Schuppen ab,
er guckt und guckt und lacht sich schlapp.
Was schwebt da an der Schnur vorbei?
Ein Wurm – und dann noch nackidei.

5. Frau Müller sitzt vor ihrem Haus
und hält die Hitze kaum noch aus.
Nach kurzer Zeit ein spitzer Schrei:
»Ein Frosch – und völlig nackidei!«

ORFF-BEGLEITUNG

Die Akkordfolge ist für Strophe und Refrain identisch. Auf der CD werden die Töne auf dem Xylofon jeweils auf die Eins gespielt. Sie hören, dass das Stück ein Swing ist.

Die Kinder übernehmen die beiden Harmonien C-Dur und G-Dur auf dem Xylofon und die rhythmische Begleitung auf Becken und Rassel. In den Pausen können zusätzlich passende Dreiklangstöne gespielt werden.

Spielen Sie selbst einen »Walking-Bass« (sofern ein Bass-Xylofon oder ein E-Bass vorhanden ist), so wie er auf unserer CD zu hören ist. Dabei erklingen auch Zwischentöne, d.h. nicht nur die Dreiklangstöne.

Xylofon C-Dur:

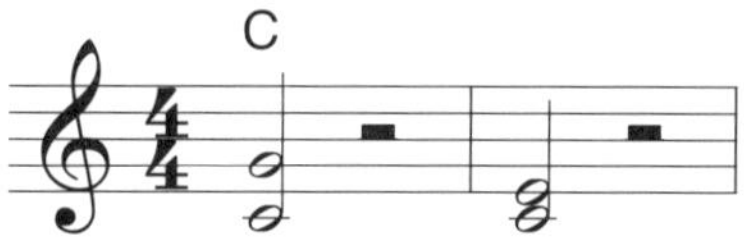

Xylofon G-Dur:

Becken:

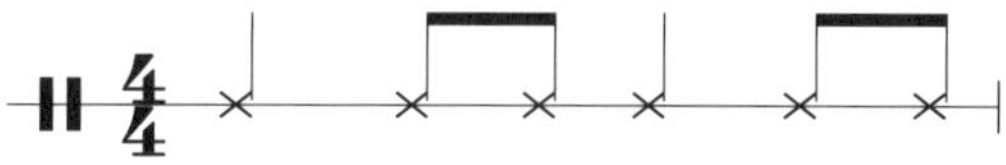

Rassel:

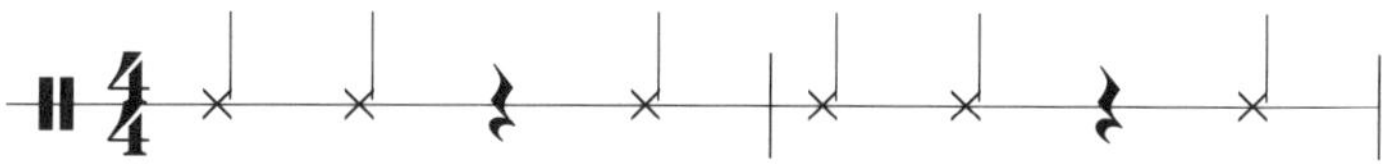

SPIELANREGUNG

Zum Refrain dreht sich die Spielgruppe im Kreis. Dann kommen zwei Kinder in die Mitte (insgesamt brauchen wir für die »Soli« sechs) und singen die Textzeilen von Eber und Sau, dann haben Schaf, Küken, Karpfen und Frau Müller ihren Auftritt.

Auf der Donau

Akkorde: C-Dur/G-Dur
Instrumente: Metallofon oder Glockenspiel, Xylofon, Schellenkranz oder Cymbeln

T/M: traditionell, Bearbeitung: Nicolas und Wolfgang Hering,

ORFF-BEGLEITUNG

Dieses Stück wird in einem Dreierrhythmus gespielt. Beide Notenzeilen haben den gleichen harmonischen Ablauf: C G C. Auf der CD hören Sie drei Takte Vorspiel.

Die lang klingenden Metallofone oder Glockenspiele übernehmen den ersten Schlag im Takt:

Die Xylofone spielen auf Zwei und Drei:

Schellenkranz oder Cymbeln spielen auf die Eins:

SPIELANREGUNG

Als Kreisspiel: Die Kinder halten sich an den Händen und gehen entgegen dem Uhrzeigersinn im Kreis. Ein Kind wird als Schifflein bestimmt und geht in die andere Richtung außen um den Kreis herum. Dieses »Schiff« sucht sich beim nächsten Durchgang ein Kind aus, indem es im vorletzten Takt einen Namen nennt. Das ausgewählte Kind hängt sich hinten an das »Schiff« an. Beim nächsten Durchgang bestimmt dieses Kind den »Anhang« usw. So wird der Außenkreis immer größer. Das Kind, das übrig bleibt, beginnt eine neue Schiffskolonne.

3.
Lieder mit den Akkorden F-Dur und C-Dur

Komm, wir spielen

17

Akkorde: F-Dur/C-Dur
Instrumente: Xylofon, ggf. Bass-Xylofon, Röhrentrommel oder Klanghölzer, Rassel, Ratsche, Pauke oder Handtrommel

2. Komm, wir spielen einen Cowboy …

Anregungen für weitere Strophen:
Komm, wir reiten durch die Wüste …
Komm, wir stampfen durch ein Matschfeld …
Komm, wir tuscheln mit dem Nachbarn …

Musikalische Strophen:
Komm, wir spielen auf der Trommel …
Komm, wir rasseln eine Runde …
Komm, wir klopfen jetzt auf Holz …
Komm, wir bimmeln dann die Glöckchen …
Komm, wir schütteln den Regenmacher …
Komm, wir spielen auch die Triangel …

Tierstrophen:
Komm, wir schleichen wie ein Tiger …
Komm, wir hoppeln wie ein Hase …
Komm, wir springen wie die Pferde …

Im Sitzen:
Komm, wir kitzeln unsern Nachbarn …
Komm, wir schunkeln mal 'ne Runde …
(im 3er-Takt)

Als Rollenspiel:
Komm, wir fliegen wie die Hexe …
Komm, wir zaubern ein Kaninchen …
Komm, wir gehn wie ein Roboter …

Komm, wir fahren mit dem Fahrrad …
Komm, wir fahren mal Motorrad, Auto, Lkw etc.

ORFF-BEGLEITUNG

Die Begleitung besteht aus Zweiklängen. Sie können auch mit anderen Dreiklangskombinationen variieren. Das Bass-Xylofon oder entsprechende tiefe Klangbausteine verstärken die Grundtöne F bzw. C. Röhrentrommel (oder alternativ Klanghölzer), Rasseln und Ratsche spielen einen einfachen Rhythmus.

Das Stück wird mit den beiden Harmonien F-Dur und C-Dur begleitet. Dafür werden in der Musikgruppe zwei Untergruppen gebildet. Ablauf: zwei Takte Grundtonart F-Dur, dann Wechsel zu C-Dur mit ebenfalls zwei Takten. In der zweiten Zeile wird der zweite Akkord C-Dur nur einen Takt gespielt. Das Stück endet wieder in F-Dur. Auf der CD hören Sie zwei Strophen.

Xylofon F-Dur:

Xylofon C-Dur:

Röhrentrommel:

Die Rasseln spielen durchgehend. Versuchen Sie, die Eins jeweils zu betonen:

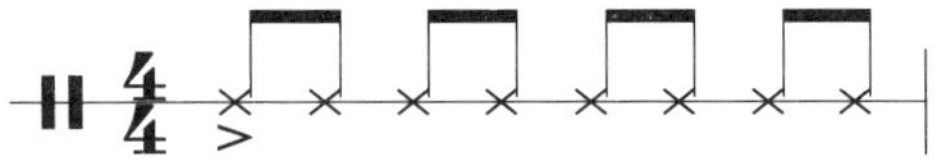

Ratsche:

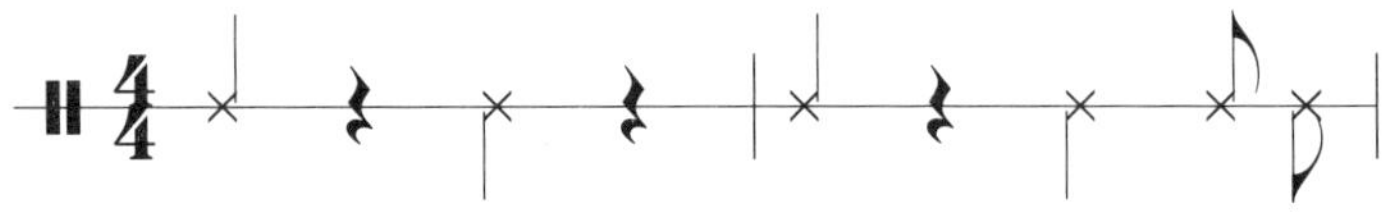

Im Refrain kommen Pauke oder große Handtrommel hinzu:

Variante: Die Rhythmusinstrumente werden nur bei den zehn Zahlen im Refrain gespielt.

SPIELANREGUNG

Die Spielgruppe setzt den Liedtext (eine freie Übertragung des englischen Stückes »Ten Little Indians«) in Bewegung um. Suchen Sie sich dafür passende Strophen aus. Vielleicht erfinden Sie mit den Kindern gemeinsam neue Verse und Spielhandlungen. Sie können auch mehrere Strophen (ohne Refrain) aneinanderhängen.

Klitzekleine Riesen

Akkorde: F-Dur/C-Dur
Instrumente: Xylofon, ggf. Bass-Xylofon, Holzblocktrommel, Handtrommel, Rassel

18

2. Der Riese fängt zu schrumpfen an,
der Zwerg wird riesengroß.
Die beiden, die verstehen sich gut
und ziehn zusammen los.
Der klitzekleine Riese,
der geht nun Hand in Hand
mit dem riesengroßen Zwerg
durch das ganze Land.

3. Schon lang sind sie auf Wanderschaft,
und nie wird's ihnen zu viel.
Sie wandern meist den ganzen Tag,
denn (*Stadtnamen einsetzen*) heißt ihr Ziel.
Und irgendwann ist es soweit,
da wirst du es dann sehn,
wie sie in deiner schönen Stadt
einfach spazieren gehn.

Refrain 2 x

ORFF-BEGLEITUNG

Die Begleitung kommt wieder mit zwei Akkorden aus. Die Töne E, D und H entfernen Sie aus den Instrumenten oder drehen sie um. Setzen Sie unterschiedliche Begleitungen für Strophe und Refrain ein. Hier ein Begleitungsvorschlag mit Zweiklängen.

Das Motiv der Xylofone geht über zwei Takte:

Xylofon (2. + 3. Takt):

Xylofon (Schluss):

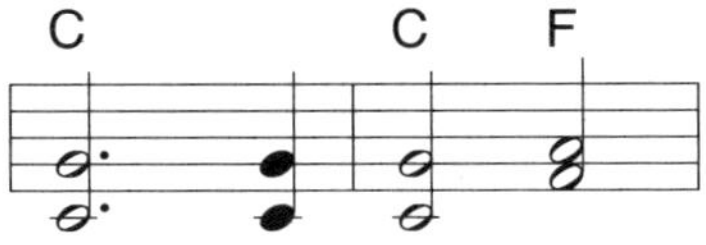

Holzblocktrommel im Refrain:

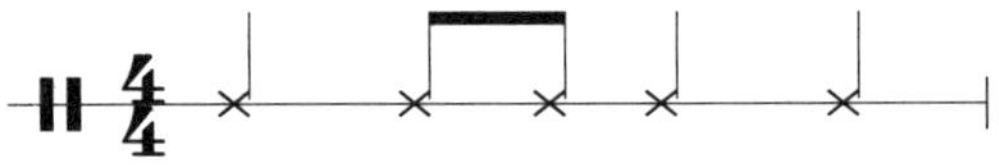

Handtrommel:

Die Rassel spielt durchgehend. Versuchen Sie, die Eins jeweils zu betonen.

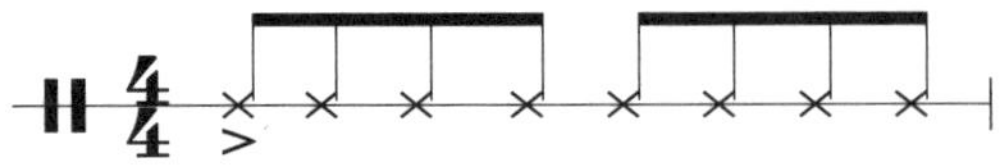

SPIELANREGUNG

Als musikalisches Spiel: Ordnen Sie dem Riesen die großen und dem Zwerg die kleinen Instrumenten zu.

Als Bewegungsspiel wird der Refrain nach dem Schema »klein – groß – groß – klein« folgendermaßen begleitet:

- Bei »klitzekleine« zeigen die Zeigefinger und Daumen beider Hände nah vor den Augen eine kleine Spanne, weil man bei so etwas Kleinem ja genau hinschauen muss.
- Bei »Riesen« geht die linke Hand ganz weit nach oben und die rechte ganz weit nach unten, um etwas ganz Großes zu zeigen. Bei »riesengroße« wechseln die Arme: Die rechte Hand schnellt weit nach oben und die linke weit nach unten.
- Bei »Zwerge« wiederholt sich der Ablauf wie am Anfang bei »klitzekleine.«
- Bei »wandern« laufen alle auf der Stelle mit.

Timpe, tampe, Zaubermann

19

> Akkorde: F-Dur/C-Dur
> Instrumente: Xylofon, ggf. Bass-Xylofon, Glockenspiel, Metallofon oder Triangel

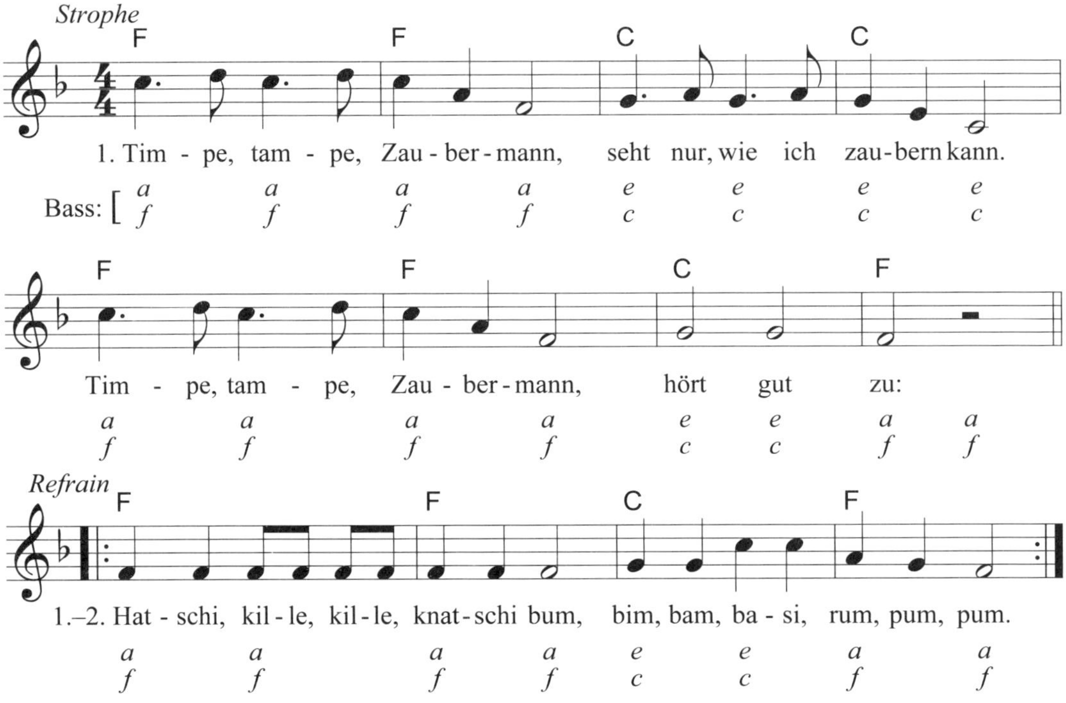

2. Timpe, Tampe, Zauberfrau,
   ich kann zaubern und bin schlau.
   Timpe, Tampe, Zauberfrau,
   hört gut zu:

ORFF-BEGLEITUNG

Um die Orff-Begleitung geheimnisvoll zu gestalten, spielt eine Gruppe (sofern vorhanden) auf dem Bass-Xylofon die tiefen Töne F und A bzw. C und E. Die anderen Kinder spielen auf dem Glockenspiel, Metallofon oder einzelnen Klangbausteinen und begleiten das Stück mit den entsprechenden Harmoniewechseln jeweils auf Eins und Drei.

Glockenspiel oder Metallofon F-Dur:

Glockenspiel oder Metallofon C-Dur:

Die Triangel begleitet im gleichen Rhythmus:

SPIELANREGUNG

Ein Kind bekommt einen Zauberstab. Die anderen laufen kreuz und quer durch den Raum. Alle singen mit. Nun hat der Zaubermann seinen Auftritt. Er überlegt sich, in was er die anderen Kinder verzaubern will – eine Person, einen Gegenstand, ein Tier – und sagt: »Ich mach aus euch lauter (…), bim bam, bum.«

Die Kinder spielen das genannte Zauberwesen eine Weile. Dann übergibt der Zauberer den Stab an ein anderes Kind, und das Lied wird von vorne gesungen. Der Beginn des Singens ist das Signal, dass die Kinder sich alle wieder zurückverwandeln und wie am Anfang durch den Raum gehen. Wer mit seinem Instrument beweglich ist (z. B. zusätzliche Rassel, Klangbaustein), kann beim Zauberspiel mitmachen.

Variante: Nur jeweils ein Kind wird verzaubert.

Der Indianerhäuptling

20

Akkorde: F-Dur/C-Dur
Instrumente: Xylofon, Klanghölzer, Handtrommel, Triangel

2. Die Indianer reiten ihre
Pferde erstmal ein
𝄆 und galoppieren ohne
Sattel querfeldein. 𝄇
→ *Klanghölzer*

3. Seine Leute sind im Land
bekannt für ihr Geschrei.
→ *Stimme (Indianergeheul)*
𝄆 Sie sind besonders mutig,
erleben mancherlei. 𝄇

4. Sie gehn auch zum Büffeljagen,
und das kostet Schweiß.
𝄆 Sie rauchen eine Pfeife
zum Frieden als Beweis. 𝄇
→ *Handtrommel schlagen*

5. Indianer lesen Fährten,
folgen einer Spur.
𝄆 Sie achten auf die Tiere
und schützen die Natur. 𝄇
→ *Triangel*

6. Streifen durch die Wälder,
da lauert die Gefahr.
|: Sie paddeln mit dem Kanu,
mal hier und einmal da. :|
→ *Handtrommel reiben*

7. Sie sind wirklich tapfer,
Indianer haben Mumm.
|: Ums große Lagerfeuer,
da tanzen sie herum. :|
→ *Gemeinsamer Klang auf »Mumm«. Dann spielen alle »beswingt« zum Tanze auf.*

ORFF-BEGLEITUNG

Als grundlegende Begleitung empfiehlt sich ein Zweiklang von F-Dur und C-Dur. Sie können aber auch mit den anderen Dreiklangkombinationen variieren.

Xylofon:

Handtrommel im Refrain:

Zu jeder Strophe wird eine zusätzliche Begleitung gewählt. Ordnen Sie die Instrumente wie oben angegeben zu; in der ersten Strophe erklingt die Trommel. Beim Refrain nach der ersten, dritten, fünften und siebten Strophe spielen alle Instrumente mit; das Xylofon bleibt in der Grundtonart F-Dur.

SPIELANREGUNG

Zum Refrain kann eine Spielgruppe einen kleinen Indianertanz einüben, z. B. zweimal auf dem rechten Fuß, dann zweimal auf dem linken Fuß vorwärts hüpfen.

Was schwimmt denn alles im Meer?

21

Akkorde: F-Dur/C-Dur
Instrumente: Xylofon, Schellenkranz, Ratsche (Guiro), Becken

2. Was schwimmt denn alles im Meer,
was kommt auf den Wellen daher?
Ein Sägefisch, ein Sägefisch, → *Sägebewegungen*
kommt auf den Wellen daher.

Weitere Strophen:
Ein Kugelfisch … → *Auf dem Boden kugeln*
Ein Tintenfisch … → *Zwei oder mehr Kinder stellen sich zusammen und winden ihre Arme nach oben, zur Seite …*
Ein Schwertfisch … → *Ausgestreckten Arm, Handfläche nach vorne vors Gesicht halten*
Ein Kitzelfisch … → *Andere Kinder kitzeln*
Ein blinder Fisch … → *Hand über die Augen legen*
Ein Humpelfisch … → *Humpeln*
Ein Springfisch … → *Springen*
Ein alter Schuh …

ORFF-BEGLEITUNG

Zu jeder Strophe wird eine entsprechende musikalische Begleitung gewählt. Einige Kinder mit tragbaren Instrumenten können sich als Fische durch den Raum bewegen. Ihre Klangwerkzeuge verwandeln sich ebenfalls in Fische. Die Xylofone spielen zwei Töne der Akkorde jeweils auf den ersten Schlag des Taktes.

Xylofon F-Dur:

Xylofon C-Dur:

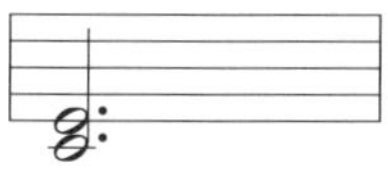

Schellenkranz und dann Ratsche (Guiro) übernehmen die Schläge Zwei/Drei und Fünf/Sechs.

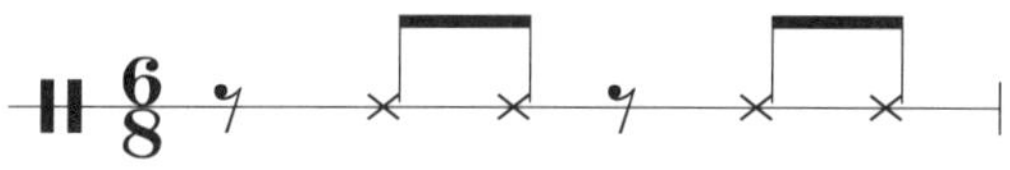

Auf der CD charakterisiert ein großes Becken den Hai. Der Sägefisch wird mit einer Ratsche begleitet. Der Klang kommt jeweils auf die Eins.

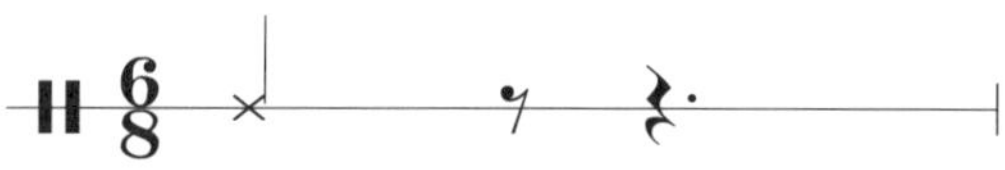

Zusätzlich bekommen einige Kinder mit Wasser gefüllte Gläser mit Strohhalmen. Sie blubbern jeweils zum Refrain mit. Denken Sie sich weitere instrumentale Darstellungen zu einzelnen Fischen aus!

SPIELANREGUNG

Entweder drehen sich alle Kinder zum Refrain im Kreis oder »schwimmen« – wenn viel Platz ist – »durch das Meer«. Sie machen mit den Armen Schwimmbewegungen. Dann verwandelt sich ein Kind in einen speziellen Fisch, wie oben beschrieben.

Variante: Die Kinder schlagen weitere Fischarten vor, und ein Kind oder Erwachsener versucht die Darstellung.

Meine Tante kam zurück

22

Akkorde: F-Dur/C-Dur
Instrumente: Xylofon oder Metallofon, ggf. Bass-Xylofon, Rassel (Shaker)

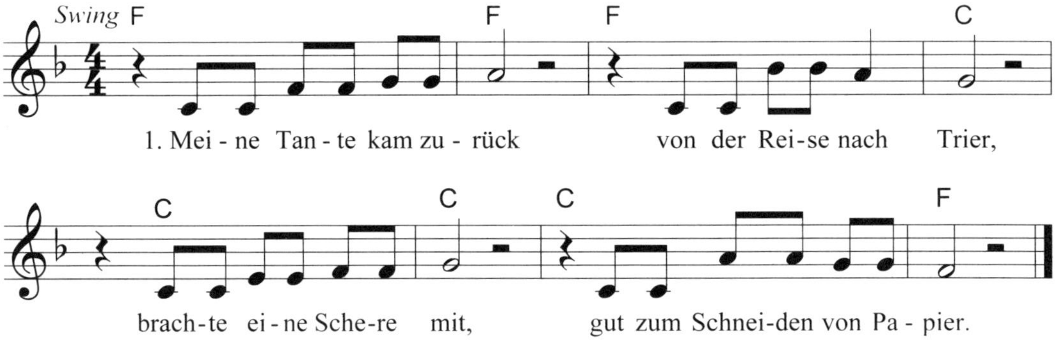

2. Meine Tante kam zurück
auch mal aus Peru,
und sie brachte mir mit
einen roten Schuh. → *Fuß vor und zurück*

3. Meine Tante kam zurück
aus der Kur von Bad Gastein,
und sie brachte mir mit
einen Löffel, ganz klein. → *Mit Daumen und Zeigefinger einen Löffel andeuten*

4. Meine Tante kam zurück
dann aus Liverpool,
und sie brachte mir mit
einen Schaukelstuhl. → *Schaukelbewegungen machen*

5. Meine Tante kam zurück
noch mal aus Peru,
brachte einen Affen mit,
der so aussah wie du. → *Mit dem Finger auf anderes Kind zeigen*

ORFF-BEGLEITUNG

Alle Instrumente spielen auf die Eins oder auf Eins und Drei. Es gibt ein Vorspiel. Das Stück wird im Swing-Feeling gesungen. Hören Sie sich einfach die Aufnahme auf der CD genau an. Der Einstieg ist nicht ganz einfach. Der Gesang setzt mit dem zweiten Taktschlag ein. Die Kinder spielen die Töne von F-Dur und C-Dur als Zweiklang auf Xylofonen oder Metallofonen mit. Gegebenenfalls spielt noch ein Bass-Xylofon die Töne F bzw. C.

Xylofon oder Metallofon:

Die Rassel (Shaker) spielt folgenden Rhythmus:

SPIELANREGUNG

Bei diesem bekannten Echolied aus den USA (»My Aunt Came Back«) wird jeweils eine Zeile vorgesungen, die Gruppe wiederholt. In jeder Strophe kommt eine Bewegung hinzu.

1. Strophe: mit einer Hand Schneidebewegungen ausführen
2. Strophe: Fuß vor- und zurückstellen
3. Strophe: mit Daumen und Zeigefinger der anderen Hand Löffel zeigen
4. Strophe: mit dem Oberkörper schaukeln
5. Strophe: auf ein Kind zeigen

Es beginnt ganz einfach. Dann wird es aber immer schwieriger. In der 4. Strophe werden also Schneiden, Fuß bewegen, Löffel in der Luft zeigen und Schaukeln gleichzeitig ausgeführt.

Variante: Sie machen die Aktionen einzeln zur jeweiligen Strophe.

Ein Geburtstagslied

Akkorde: F-Dur/C-Dur
Instrumente: Klangbausteine oder Metallofon, Glockenspiel, Handtrommel

ORFF-BEGLEITUNG

Bei diesem Stück geht es um die Begleitung mit lang klingenden Stäben – Metallofone und Glockenspiele.

Die Metallofone spielen jeweils auf die Eins. Sie können bei C^7 den Ton B hinzunehmen. Die Töne werden auf die Kinder verteilt.

Klangbausteine F-Dur:

Klangbausteine C-Dur^7:

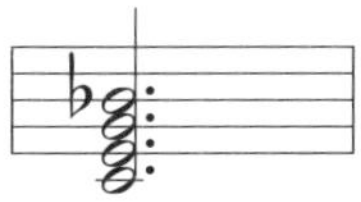

Die Glockenspiele oder Metallofone schlagen jeweils Töne des Dreiklangs hintereinander an:

F-Dur:

C-Dur:

Die Handtrommel spielt die Viertel mit. Versuchen Sie, auf dem Instrument einen dunklen und zwei helle Schläge zu spielen, d. h. einen vollen Schlag mit der ganzen Hand und zwei Fingerschläge am Rand.

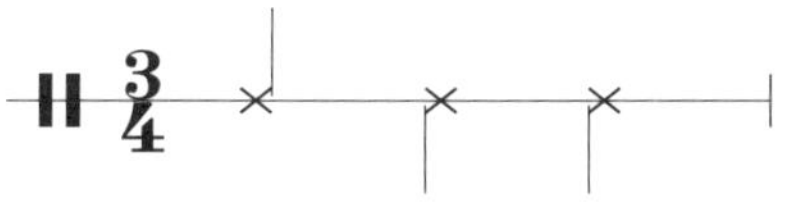

SPIELANREGUNG

Viele Erwachsene kennen den süddeutschen Kanon »Heut kommt der Hans zu mir« mit der Textstelle »Ob er aber über Oberammergau oder aber über Unterammergau …«, dessen Melodie hier verwendet wurde. Für ein Bewegungsspiel sitzen alle im Kreis. Der Kanon wird angestimmt. Bei »Oberstimme« steht die ganze Gruppe auf, bei »Unterstimme« geht sie in die Hocke, bei »Hosen geht« setzen sich alle auf einen Stuhl. Es kann dazu auch geschunkelt werden.

Das Flohfangen

Akkorde: F-Dur/C-Dur
Instrumente: Xylofon, Handtrommel, Ratsche (Guiro), Klanghölzer, Glöckchen

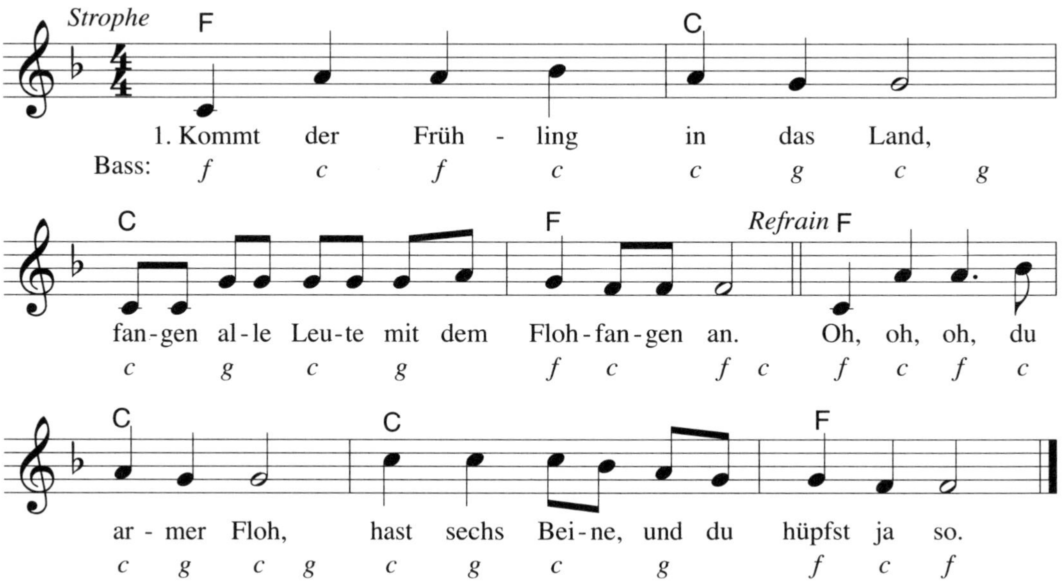

2. Kommt der Floh ins Bett hinein, → *Hände seitlich an den Kopf*
   baut er sich ein Nest dort rein. → *Mit Daumen und Zeigefinger bilden*

3. Macht der Floh den ersten Stich,
   schaut er zu, und alle kratzen sich. → *Heftig kratzen*

4. Wird der Floh beim Stich ertappt,
   hau'n wir zu, so, dass es kracht. → *Mit einer Hand in die andere Handfläche patschen*

5. Nun wird es dem Floh zu viel.
   Er sucht sich schnell ein andres Ziel. → *Finger verschwinden hinter dem Rücken*

ORFF-BEGLEITUNG

Strophe und Refrain sind im harmonischen Ablauf identisch. Um sie klanglich zu unterscheiden, bietet sich folgende Begleitung an:

Xylofon Strophe:

Xylofon Refrain:

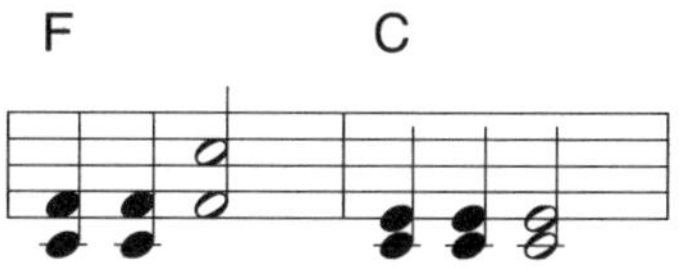

Handtrommel:

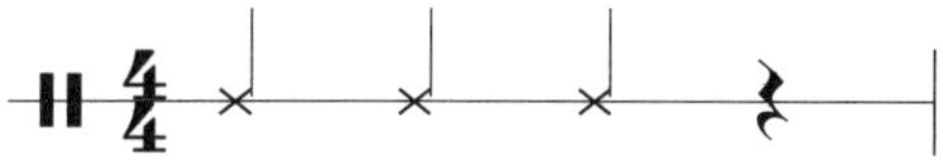

Die Ratsche (Guiro) spielt folgenden Rhythmus:

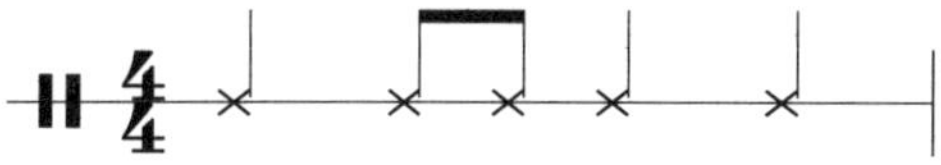

Bei »oh oh oh« schlagen alle dreimal auf kurz klingende Instrumente (Xylofone, Klanghölzer). Andere Kinder klingeln einmal mit Glöckchen auf die Eins dazu.

SPIELANREGUNG

Das Lied ist in verschiedenen Fassungen bekannt. In dieser Version gelingt es dem Floh zu entkommen, in den meisten anderen glückt ihm das nicht.

Die sechs Beine des Flohs werden jeweils von drei Fingern jeder Hand gespielt. Dann wird entweder mit den Fingern auf den Oberschenkeln gehopst (im Sitzen), oder die Kinder hüpfen an der entsprechenden Stelle durch den ganzen Raum.

Sonne, liebe Sonne

Akkorde: F-Dur/C-Dur
Instrumente: Metallofon oder Glockenspiel, Rassel (Shaker), Glöckchen, Schellenkranz, Cymbeln oder Glocke

2. Du kitzelst meine Finger
und die Hände auch.
Du kitzelst meine Arme
und dann noch meinen Bauch.

3. Du kitzelst meine Zehen,
die Füße ebenso.
Du kitzelst meine Beine
und schließlich meinen Po.

T: traditionell/Wolfgang Hering/M: Wolfgang Hering,

ORFF-BEGLEITUNG

Alle lang klingenden Instrumente (Metallofon oder Glockenspiel) spielen zwei Dreiklangstöne von F-Dur und C-Dur im Refrain auf 1 und 3. In der Strophe klingt:

Metallofon oder Glockenspiel F-Dur:

Metallofon oder Glockenspiel C-Dur:

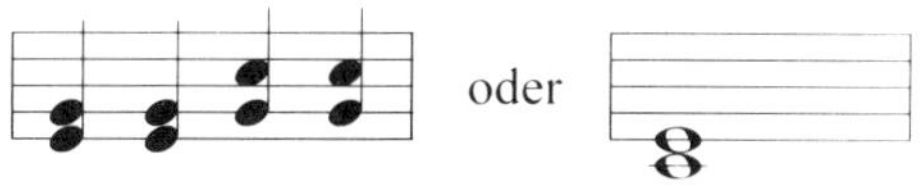

In den Strophen werden die Harmonien taktweise gewechselt. Üben Sie mit einigen Kindern die Melodie ein, und spielen Sie selbst auf einem Xylofon mit.

Die Rassel spielt die Achtel:

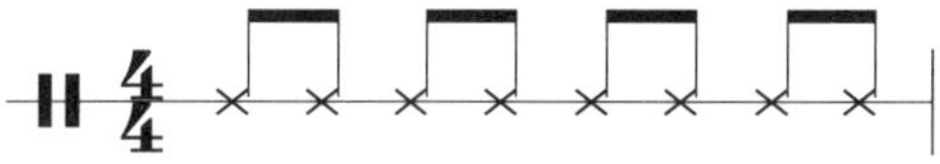

Im Refrain kommt noch von Glöckchen, Schellenkranz, Cymbeln oder Glocken ein punktierter Rhythmus dazu:

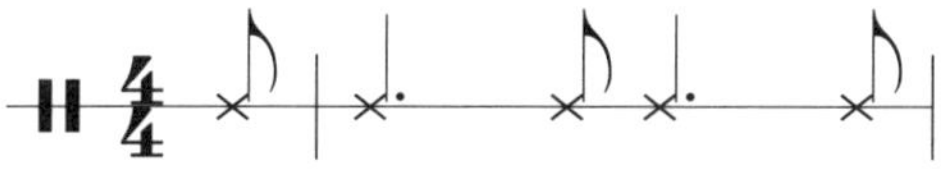

SPIELANREGUNG

Die große Sonne wird mit den Händen angezeigt. Dann werden beide Arme ineinander verschränkt und anschließend die genannten Berührungen mit einer Feder oder einem Tuch umgesetzt. Oder die Kinder streicheln nur zart die jeweiligen Körperteile. Sehr schön lässt sich das Lied auch als Partnerspiel realisieren. Die Sonne wird von einem Kind dargestellt.

Der Herbst ist da

26

Akkorde: F-Dur/C-Dur
Instrumente: Xylofon, Cabasa, Ratsche (Guiro), Rassel (Shaker)

2. Der Herbst, der Herbst,
der Herbst ist da!
Er bringt uns Obst, hei hussasa!
Macht die Blätter bunter,
wirft die Äpfel runter.
Heia hussasa, der Herbst ist da.

3. Der Herbst, der Herbst,
der Herbst ist da!
Er bringt uns Wein, hei hussasa!
Nüsse auf den Teller,
Birnen in den Keller.
Heia hussasa, der Herbst ist da.

4. Der Herbst, der Herbst,
der Herbst ist da!
Er bringt uns Spaß, hei hussasa!
Rüttelt an den Zweigen,
lässt die Drachen steigen.
Heia hussasa, der Herbst ist da.

ORFF-BEGLEITUNG

Xylofon F-Dur:

Xylophon C-Dur:

Die Cabasa spielt folgendes Motiv:

Die Ratsche (Guiro) kommt auf den ersten Schlag jeden Taktes:

Das Rascheln der Blätter im Herbst wird von der Rassel (Shaker) übernommen:

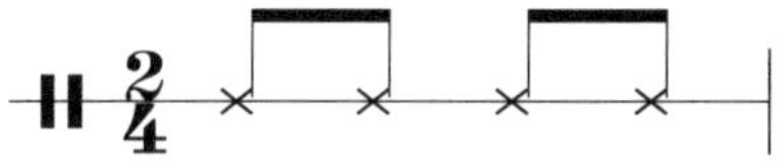

Zwischen den Strophen hören Sie auf der CD jeweils einen Takt als Zwischenspiel.

SPIELANREGUNG

Zur Textstelle »Der Herbst ist da« dreht sich die Spielgruppe im Kreis. Im zweiten Teil der Strophe (die letzten acht Takte) bleiben alle stehen und stellen pantomimisch den Text dar. Die Hände werden zu Blättern, die zum Boden fallen. Obst (z. B. Äpfel, Birnen) wird mit Fäusten dargestellt. Wein wird getrunken, ein Arm wird zum Zweig usw. Sie können natürlich auch Naturmaterialien aus dieser Jahreszeit (Kastanien, Nüsse, Blätter etc.) einsetzen.

A, A, A, der Winter, der ist da

27

Akkorde: F-Dur/C-Dur
Instrumente: Glockenspiel oder Metallofon, Klangschalen, Triangel, Rassel, Handtrommel

2. E, e, e, er bringt uns Eis und Schnee.
   Malt uns gar zum Zeitvertreiben
   Blumen an die Fensterscheiben.
   E, e, e, er bringt uns Eis und Schnee.

3. I, i, i, vergiss die Armen nie.
   Liegst du nachts im warmen Kissen,
   denk an die, die frieren müssen.
   I, i, i, vergiss die Armen nie.

4. O, o, o, wie sind die Kinder froh.
   Sehen jede Nacht im Traume
   sich schon unterm Weihnachtsbaume,
   O, o, o, wie sind die Kinder froh.

5. U, u, u, jetzt weiß ich, was ich tu.
   Hol den Schlitten aus dem Keller,
   und dann geht es schnell und schneller.
   U, u, u, jetzt weiß ich, was ich tu.

T: Heinrich Hoffmann von Fallersleben/M: traditionell, Bearbeitung: Nicolas und Wolfgang Hering,

ORFF-BEGLEITUNG

Hier kommt das Glockenspiel (oder Metallofon) zum Einsatz. Es übernimmt die harmonische Begleitung und spielt gleichmäßig Dreiklangstöne.

Klangschalen und Triangel können jeweils den ersten Schlag eines Taktes betonen:

Die Rassel spielt folgenden Rhythmus:

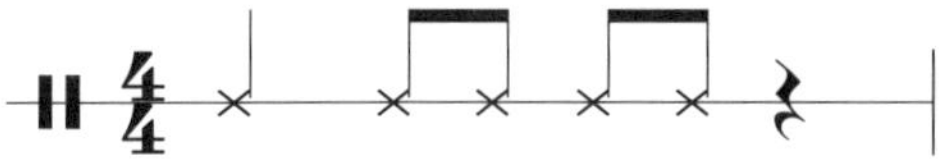

Im vierten und im letzten Takt spielt die Handtrommel folgendes Motiv:

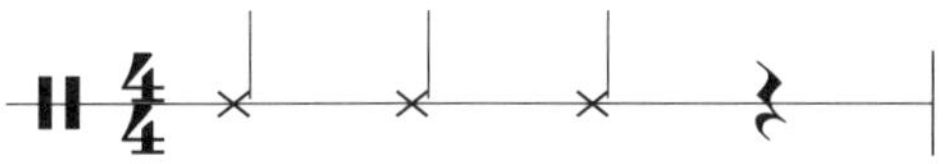

SPIELANREGUNG

Wie bei dem Lied »Drei Chinesen mit dem Kontrabass« stehen hier die Vokale im Mittelpunkt. Deshalb ist der Text gut geeignet für Kinder, die gerade Lesen lernen.

Die Kinder sitzen im Raum verteilt. Die Buchstaben werden mit der Hand in die Luft geschrieben. Anschließend bilden die Kinder fünf Gruppen, denen Sie jeweils eine Strophe zuweisen. Nun fangen alle Kinder an zu singen. Die Gruppe, deren Strophe gerade an der Reihe ist, steht auf und dreht sich während des Singens auf der Stelle.

Variante: Die Kinder stehen im Raum verteilt. Die Gruppe, die mit ihrer Strophe dran ist, darf herumgehen.

4.
Lieder mit anderen einfachen harmonischen Kombinationen

Der Kakadu

28

Akkorde: C-Dur/F-Dur
Instrumente: Xylofon, Ratsche, Handtrommel oder Bongos

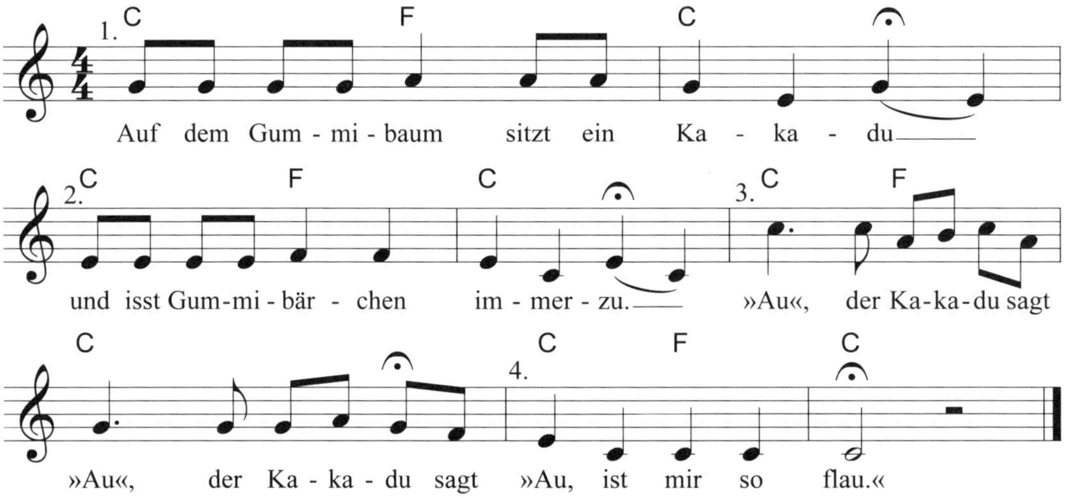

T: Wolfgang Hering, © beim Autor/M: traditionell, Bearbeitung: Nicolas und Wolfgang Hering,

ORFF-BEGLEITUNG

Etwas ungewöhnlich ist der Wechsel zwischen Grundtonart C-Dur (C – E – G) und dem F-Dur-Dreiklang (F – A – C). Der halbtaktige Ablauf ist für alle Zeilen immer gleich: C F C C. Hier steht jeder Akkord-Buchstabe für einen halben Takt.

Das Xylofon spielt folgenden Ablauf (jeweils für eine Notenzeile):

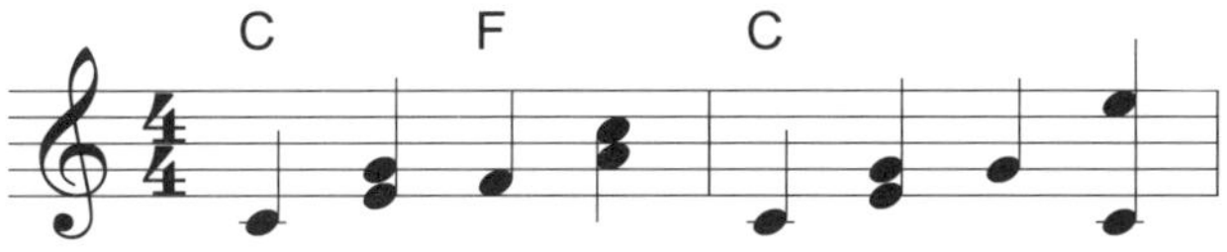

Ratsche:

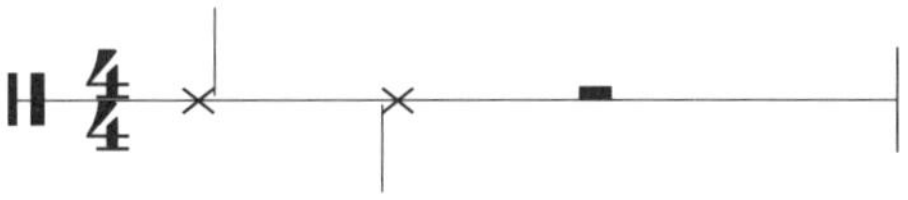

Trommeln (oder Bongos) spielen folgenden Rhythmus:

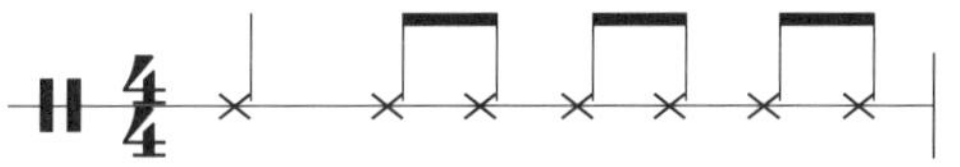

SPIELANREGUNG

Die Melodie stammt von dem australischen Kanon »Kookaburra«. Die Bewegungen werden erst ganz langsam geübt und dann zum Lied immer schneller ausgeführt:

Gummibaum →	*Einen Arm als Stamm hochstrecken, den anderen Arm als Krone überstülpen*
Kakadu →	*Schnabel mit einer Hand auf- und zuklappen lassen*
Isst Gummibärchen →	*Essbewegungen*
Au →	*Hand vor den Mund halten*
Ist mir so flau →	*Hand an den Magen halten*

Als Kanon: Zunächst einstimmig, dann zwei- oder gar vierstimmig singen. Das Stück sollte in der ganzen Gruppe so lange geübt werden, bis Text und Melodie richtig sitzen. Vielleicht gelingt es ja, immer leiser zu singen, bis sich nur noch die Lippen bewegen. Die Bewegungen werden jedoch weiter ausgeführt.

Kleines Ständchen

29

Akkorde: e-Moll/a-Moll
Instrumente: Xylofon, ggf. Bass-Xylofon, Klanghölzer, Tamburin oder Händeklatscher

T/M: Wolfgang Hering, © beim Autor

ORFF-BEGLEITUNG

Die Melodie des ersten Teils besteht weitgehend aus Viertelnoten. Dann kommen vermehrt Achtelnoten. Es wird gewechselt zwischen e-Moll (E – G – H) und a-Moll (A – C – E). Ein Beckenschlag kommt jeweils auf die Eins.

Die Begleitung für Xylofon für zwei Takte:

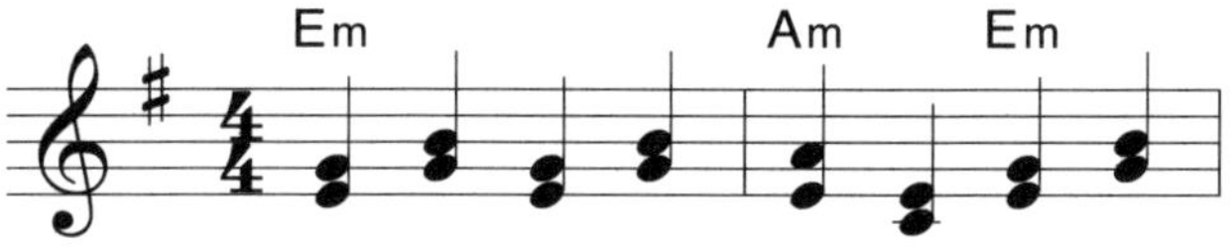

Klanghölzer:

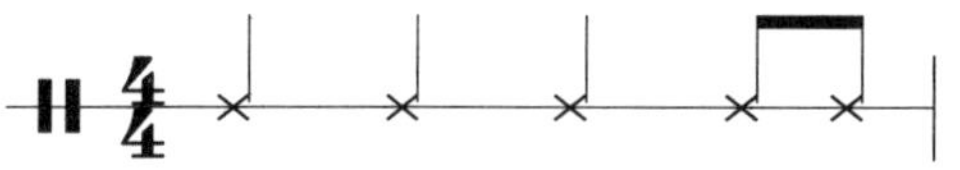

Dazu kommt das Tamburin oder ein Händeklatscher mit folgendem Rhythmus:

SPIELANREGUNG

Bei diesem vierstimmigen Kanon fängt die erste Gruppe ganz leise zu singen an und wird dann immer lauter. Die zweite Gruppe setzt im dritten Takt ein. Die Gruppen können nacheinander wieder aufhören.

Der Musikzug

30

Akkorde: C-Dur/a-Moll
Instrumente: Klangbausteine, Handtrommel, Rasseln, Schellenkranz, Triangel, Cymbeln, Klanghölzer, Glöckchen

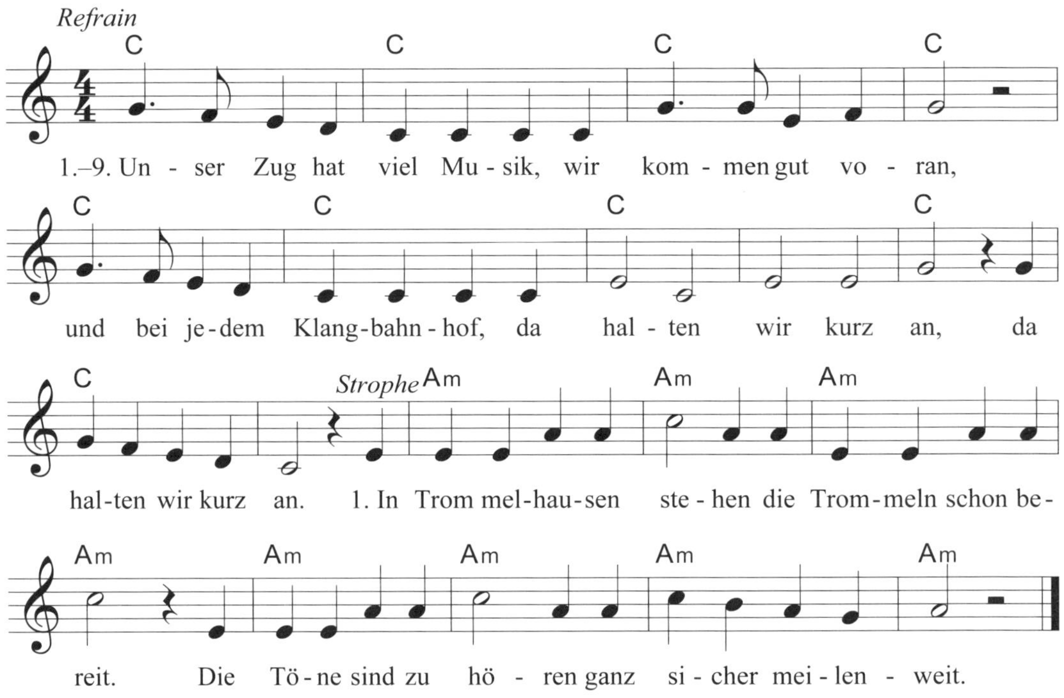

2. In Rasselstein, da spielen
die Rasseln leise bloß.
Doch plötzlich legt der ganze Ort
mit vollem Tempo los.

3. In Schellenburg, da klingt erst
ein Ton, ganz einsam nur.
Dann klimpern die Bewohner
ganz laut in einer Tour.

4. Es kommen in Bad Xylofon
ganz tolle Töne vor.
Erst klingt ein leiser Bass nur,
dann steigt der Ton empor.

5. Besonders in Triangelstadt,
da ist viel Zugverkehr.
Wir hören hohe Klänge,
als ob es Frühling wär.

6. Groß-Cymbelheim macht Blechmusik,
der Klang ist tadellos.
Dort sind alle versammelt
und legen richtig los.

7. In Schlagholzhausen klackert
es heftig erst, dann zart.
Das Klopfrhythmusorchester
kommt richtig gut in Fahrt.

8. Klein-Glöckchenheim daneben,
ein ganz besond're Ort:
Tagaus, tagein, da klingelt
es dort in einem fort.

9. Wir kommen dann nach Stille,
der letzten Bahnstation.
Es endet der Musikzug,
ganz ohne einen Ton.

ORFF-BEGLEITUNG

Bei diesem Stück wechselt die Begleitung zwischen C-Dur (C – E – G) und der parallelen Molltonart ab: a-Moll (A – C – E). Beide Akkorde haben zwei gemeinsame Töne: C und E. Es muss also nur zwischen A und G gewechselt werden, um den Klang zu verändern. Der Refrain steht in C-Dur, die Strophe in a-Moll. Die meisten Kinder spielen die beiden Tönen C und E. Nur wer für ein A oder G zuständig ist, muss also aufpassen und den harmonischen Wechsel verstehen. Die Töne werden auf mehrere Kinder verteilt.

Klangbausteine Refrain C-Dur:

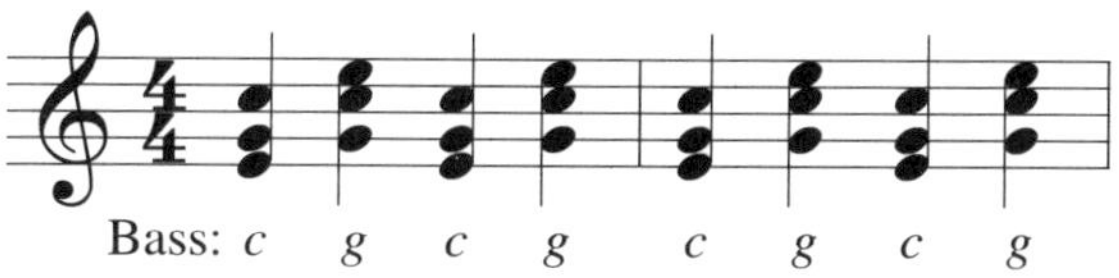

Klangbausteine Strophe a-Moll:

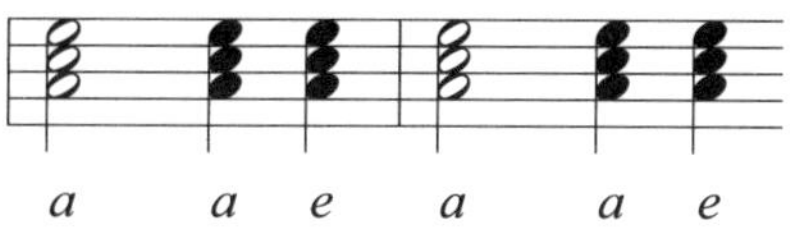

SPIELANREGUNG

Alle Instrumente bilden einen Zug (sofern Klangbausteine vorhanden sind). Die Xylofonspieler begleiten am Platz. Bei den in den Strophen genannten Stationen kommen nur die entsprechenden Instrumente zum Einsatz. Die entsprechenden Kinder können in ihrer Strophe mit dem genannten Instrument frei spielen. Auf der CD kommt der Refrain nach der 2., 4., 6. und 8. Strophe. Zum Playback können Sie mit den Kindern selbst nach vorgegebenem Tempo mitsingen.

Geister im Haus

Akkorde: e-Moll/a-Moll
Instrumente: Xylofon, ggf. Bass-Xylofon, Rassel

2. Unterm Dach hör ich Getrappel,
hundert Mäuse sicherlich,
machen einen großen Lärm dort, → *Glöckchen (und trampeln)*
das ist nicht mehr feierlich.

3. Wenn es säuselt da am Fenster, → *Pfeifen*
Winde pfeifen, und es klirrt, → *Zwei Flaschen, die sich leicht berühren*
wackelt dann noch wild der Vorhang,
bin ich richtig alarmiert.

4. Hinter Wänden, in der Decke
knistert es fast überall. → *Zeitungspapier zerknüllen*
Dazu hör ich etwas rauschen, → *Regenmacher*
etwa wie ein Wasserfall.

5. Dann träum ich von Zauberwesen,
denk daran mit sehr viel Graus.
Monster und die Nachtgespenster → *Rasseln*
spuken wild durchs ganze Haus.

6. Plötzlich sind sie weg, die Geister,
kein Geräusch, kein Geist, der zischt. → *eine leise Triangel*
Irgendjemand ruft da »Aufstehen!«,
und ich seh das Tageslicht.

ORFF-BEGLEITUNG

In diesem Lied wechseln sich zwei Molltonarten ab: e-Moll (E – G – H) und a-Moll (A – C – E).

Xylofon Strophe e-Moll:

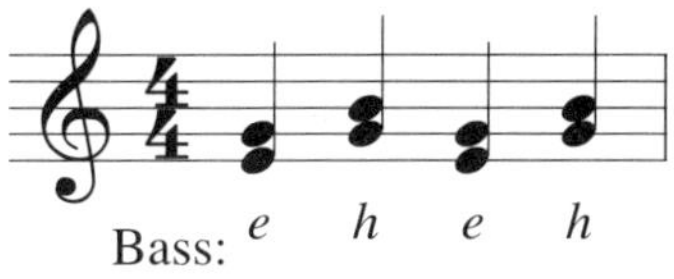

Xylofon Strophe a-Moll:

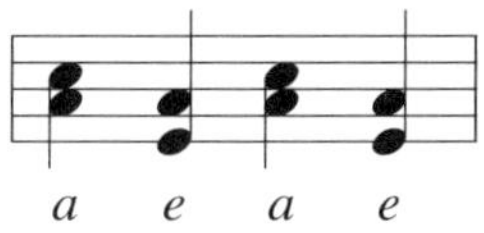

Xylofon Refrain:

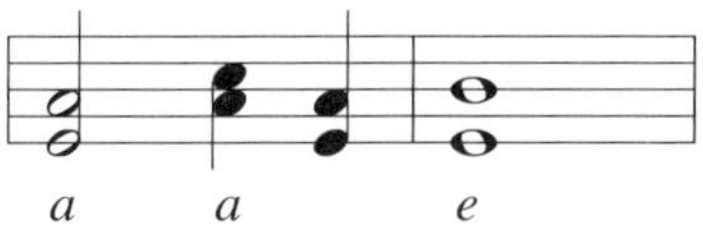

Rassel in der Strophe:

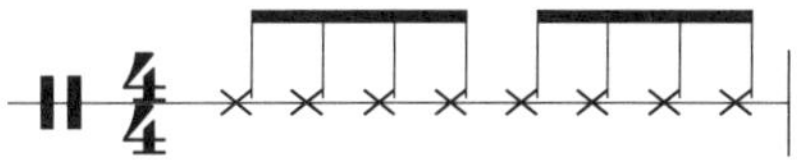

Rassel im Refrain:

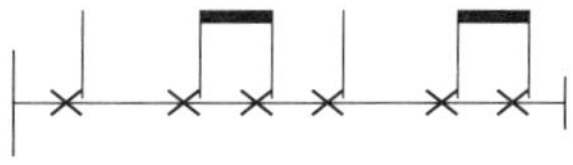

Zusätzlich zu den oben vorgeschlagenen Instrumenten können die Kinder auch mit Schlüsseln klimpern oder mit Ketten rasseln.

SPIELANREGUNG

Die Kinder können den Inhalt der Strophen mit kleinen Requisiten darstellen und verteilt einzelne Töne singen. Zum Refrain übernehmen dann alle Kinder den Geistergesang. Auf der CD finden Sie das Playback mit Instrumentalmelodie zum Mitsingen.

Zwei lange Schlangen

32

Akkorde: F-Dur, B-Dur, C-Dur
Instrumente: Xylofon, Rassel, Bongos

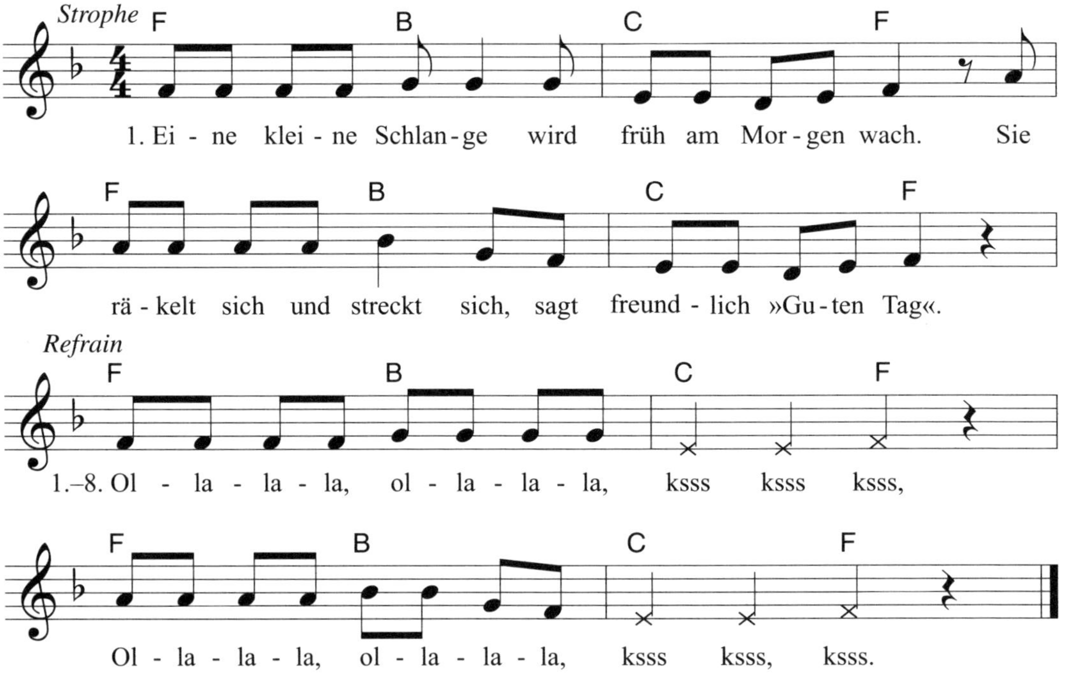

2. Eine andre Schlange
kommt zufällig vorbei. → *Zweite Hand kommt hinter dem Rücken hervor*
Sie sieht die erste Schlange
und ruft ganz einfach »Hei«. → *Hand auf- und zuklappen*

3. Zwei lange Schlangen,
die schaun sich richtig an,
und jede zeigt, wie schön → *Fäuste bewegen*
sie ihren Kopf bewegen kann.

4. Zwei lange Schlangen,
die schleichen querfeldein,
und beide beschließen, → *Arme umschlingen sich*
komm, lass uns Freunde sein.

5. Zwei lange Schlangen,
die schwimmen durch den Fluss
und geben sich am andern Ufer
einen dicken Kuss. → *Sie »küssen« sich*

6. Zwei lange Schlangen,
die schmusen auch ganz gern,
und wenn sie so verschlungen sind, → *Arme nah am Körper verschlingen*
dann darf man sie nicht störn.

7. Zwei lange Schlangen,
die haben auch mal Streit.
Sie beißen sich und kratzen sich, → *Hände schnappen zu und kratzen*
so lang, bis eine schreit.

8. Zwei lange Schlangen,
die schlängeln viel herum,
und wenn sie müde sind, dann drehn → *Bewegungen werden langsamer*
sie sich zum Schlafen um.

Refrain:
Ollalala Ollalala,
ksss, ksss, ksss. (3 x) → *»Köpfe« synchron bewegen, einmal zur einen Seite, dann zur anderen*
Ollalala Ollalala,
pssst, pssst, pssst. → *Finger an die Lippen legen*
→ *Zum Schluss verschwinden die Hände hinter dem Körper*

ORFF-BEGLEITUNG

Für diese Begleitung müssen Sie bei den Stabspielen das H durch ein B ersetzen. Das Stück hat drei Harmonien: F-Dur (F – A – C), B-Dur (B – D – F) und C-Dur (C – E – G). Die Akkorde werden immer in der gleichen Abfolge gespielt: F-Dur, B-Dur, C-Dur und wieder F-Dur.

Xylofon Strophe:

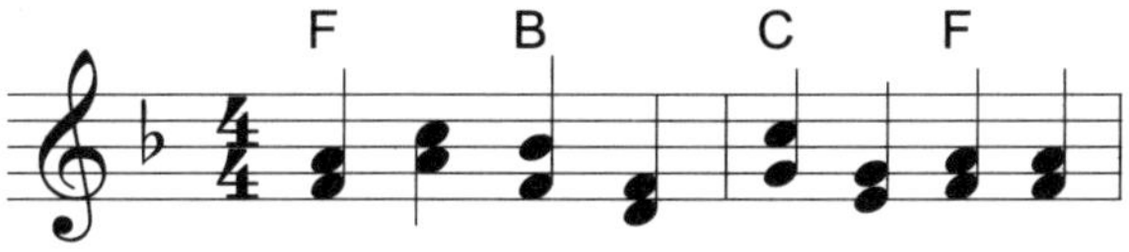

Xylofon Refrain:

Die Rassel spielt folgenden Rhythmus:

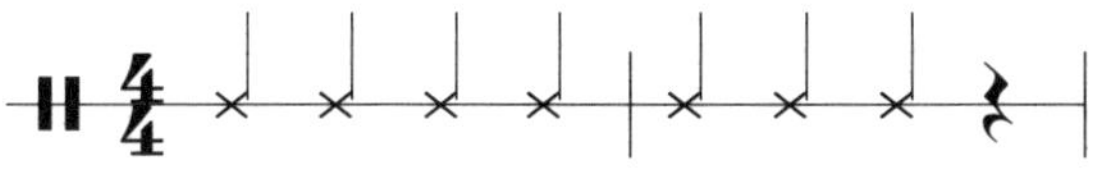

Die Bongos spielen die Achtel durch:

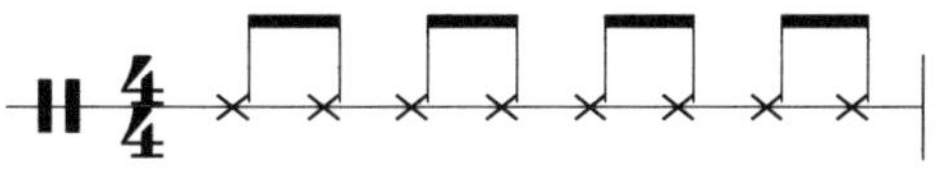

SPIELANREGUNG

Eine Hand taucht in der 1. Strophe als Schlangenkopf vor dem Körper auf. Dann wird mit beiden Armen die Geschichte wie oben beschrieben in Szene gesetzt.

Hin und her im grünen Walde

33

Akkorde: C-Dur/F-Dur/G-Dur
Instrumente: Xylofone, Rasseln, Ratsche (Guiro)

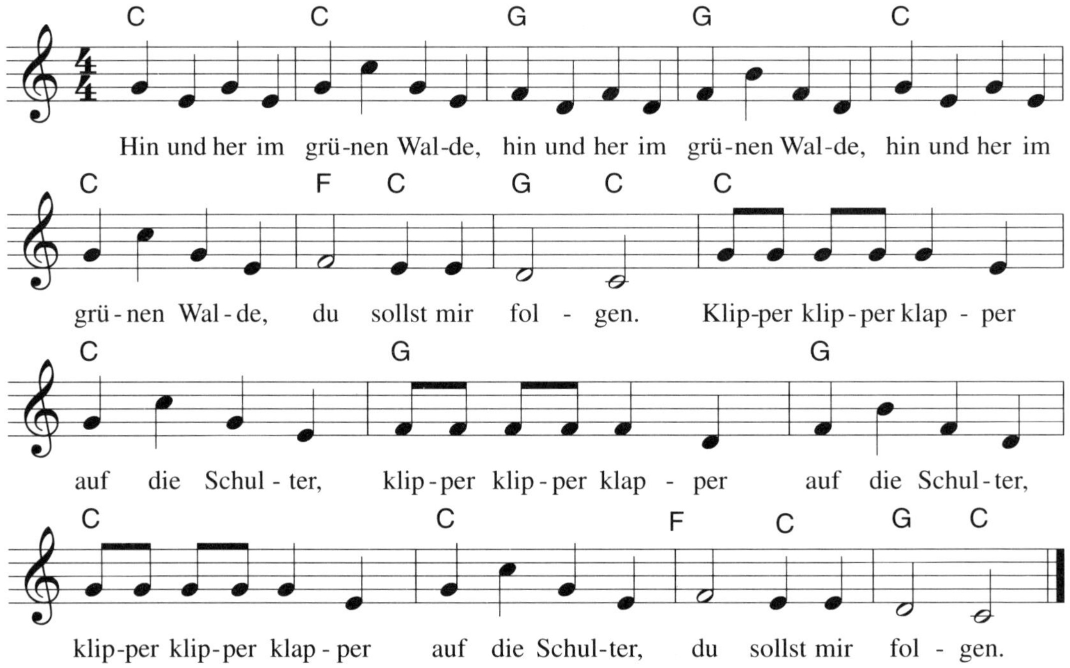

T/M: traditionell, Bearbeitung: Nicolas und Wolfgang Hering,

ORFF-BEGLEITUNG

Hier gibt es die drei Akkorde C-Dur (C – E – G), F-Dur (F – A – C) und G-Dur (G – H – D). Es beginnt jeweils mit zwei Takten C-Dur, dann G-Dur und wieder C-Dur.

Xylofon C-Dur:

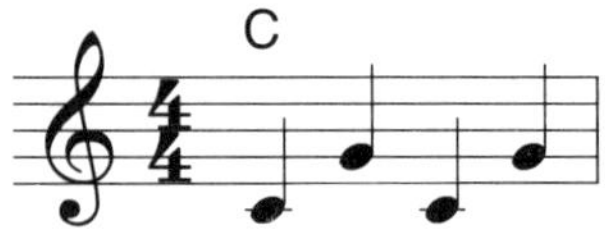

Xylofon G-Dur:

F-Dur wird nur einen halben Takt gespielt und weiterhin halbtaktig gewechselt: C, G, C. Ab »Klipper klipper klapper« beginnt das Modell von vorne: 2 x C, 2 x G, 2 x C dann: F, C, G, C. Die letzten beiden Takte in der zweiten und vierten Zeile können wie folgt gespielt werden:

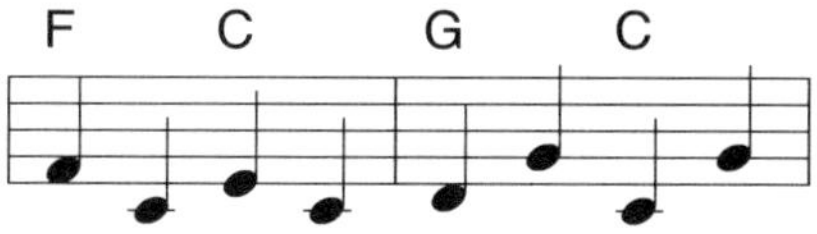

Rassel:

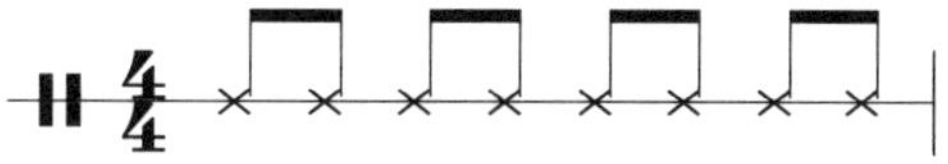

Im zweiten Teil kommt die Ratsche (Guiro) hinzu:

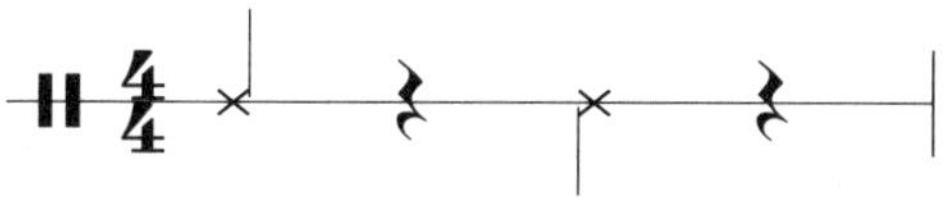

SPIELANREGUNG

Es handelt sich um ein überliefertes Spiellied nach dem Schneeballprinzip. Ein Kind beginnt in der Kreismitte und läuft dann, während die ersten drei Zeilen gesungen werden, innen am Kreis entlang. An der Textstelle »Du sollst mir folgen« wählt es ein Kind aus. Die beiden stellen sich gegenüber. Dann klopfen sie bei »klipper, klipper« – beide gleichzeitig – zweimal mit der rechten Hand auf die linke (von sich aus rechte) Schulter des anderen und bei »klapper« mit der linken Hand auf die rechte (von sich aus linke) Schulter des anderen und anschließend fortlaufend im Taktschlag zweimal rechts und zweimal links. Beim letzten »Du sollst mir folgen« fassen sich beide an den Händen. Wenn das Lied zu Ende gesungen worden ist, suchen sie sich neue Partner.

Viele bunte Zahlen

34

Akkorde: F-Dur/C-Dur/d-Moll
Instrumente: Xylofon, Rassel, Ratsche (Guiro)

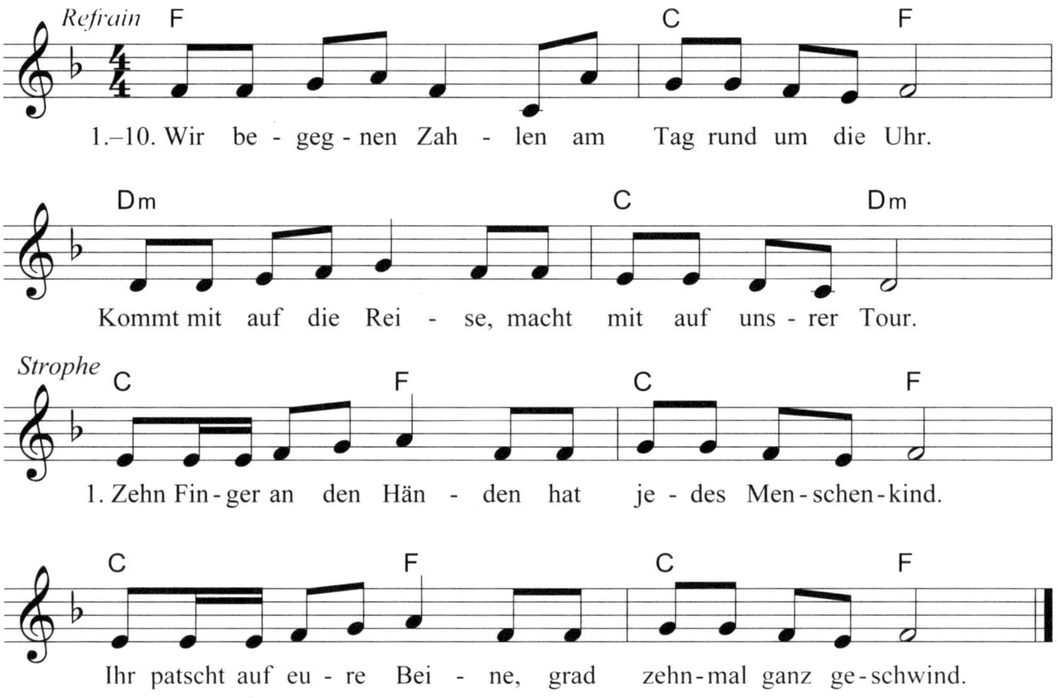

2. Es gibt bestimmt neun Stühle
verteilt im ganzen Haus.
Klopft neunmal auf ein Holz drauf,
den Stuhl sucht ihr euch aus.

3. Acht Brötchen liegen knusprig
auf unserm Frühstückstisch.
Soviel mal schnalzt die Zunge,
ein jeder nun für sich.

4. Es fliegen sieben Schnaken
bei uns im Raum herum.
Wir klatschen sieben Schläge
und schon sind alle stumm.

5. Sechs Seiten hat ein Würfel,
die Punkte sind bekannt.
Denkt beim Zählen immer:
Es reicht nicht eine Hand.

6. Fünf Bäume stehn im Garten
mit einem Vogelnest.
Wir sehen jetzt fünf Vögel,
die pfeifen kurz und fest.

7. Vier Räder hat ein Auto,
die quietschen irgendwie.
Wir hören eine Hupe,
und viermal tutet sie.

8. Drei Ecken hat ein Dreieck,
hier und da und dort.
Wir klatschen in die Luft so,
dreimal an jedem Ort.

9. Zwei Schuhe, die sind dreckig,
wir klopfen ab den Dreck.
Sie stehen nach dem Putzen
mit Glanz am alten Fleck.

10. Ein Huhn sitzt da alleine
und legt ein großes Ei.
Wir warten, wer da ausschlüpft,
nun ist das Stück vorbei.

ORFF-BEGLEITUNG

Sie können den Refrain nach jeder Strophe oder auch nach jedem zweiten Vers spielen. Auf der CD ist die erste Variante zu hören.

Xylofon Refrain:

Xylofon Strophe:

Rassel:

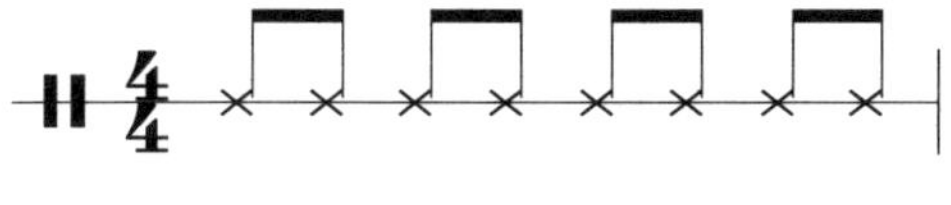

Ratsche (Guiro):

SPIELANREGUNG

Stellen Sie mit Ihrer Gruppe den Inhalt der einzelnen Strophen pantomimisch dar. Die Kinder können auch die entsprechenden Geräusche machen und mit den Händen die jeweiligen Zahlen zeigen.

Lied vom Weihnachtsmann

35

Akkorde: F-Dur/C-Dur/B-Dur
Instrumente: Bass-Xylofon, Xylofon, Handtrommeln, Ratsche (Guiro)

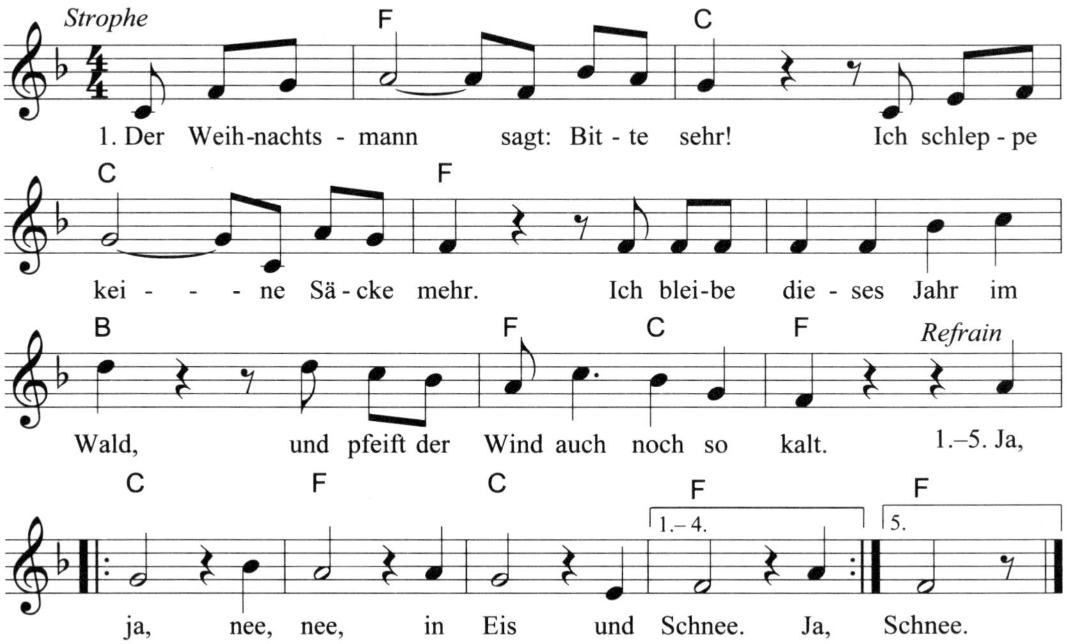

2. Im Sommer fragen sie mich dumm:
Was streunt der Penner im Wald herum?
Jedoch im Winter sind sie hart,
da brauchen sie einen Mann mit Bart.

3. Und das Gewühle in der Stadt.
Ich weiß nicht, wer's erfunden hat.
Ich musste Reklame vor Karstadt stehn
und konnte nicht nach Hause gehn.

4. Doch wenn ihr Lust habt, dann kommt bald
in meinen Weihnachtswinterwald.
Bringt eine Knoblauchpizza mit,
denn darauf hab ich Appetit.

5. Wir machen dann im Glitzerschnee
'ne Schlitterbahn quer übern See.
Und wenn ihr heimkommt, sagt ihr dann:
Ein' schönen Gruß vom Weihnachtsmann.

T/M: Fredrik Vahle, aus: Fredrik Vahle »Das große Vahle-Liederbuch«, Beltz & Gelberg 1993,

ORFF-BEGLEITUNG

Das Lied wird hauptsächlich von den beiden Akkorden F-Dur (F – A – C) und C-Dur (C – E – G) begleitet. Beachten Sie den Auftakt mit den drei Silben »Der Weihnachts …«. Das Bassxylofon spielt die Taktschläge, andere Xylofone spielen die Zwischenschläge.

In Takt 6 ist B-Dur vorgeschrieben. Es gibt zwei Möglichkeiten, diese Stelle musikalisch zu gestalten: Entweder Sie ersetzen den Ton H bei den entsprechenden Stabspielen durch B; dann kann an dieser Stelle der neue Dreiklang B, D und F angestimmt werden. Oder die Kinder spielen nur den Zweiklang D und F.

Takt 6, B-Dur:

Handtrommel (nur Strophe):

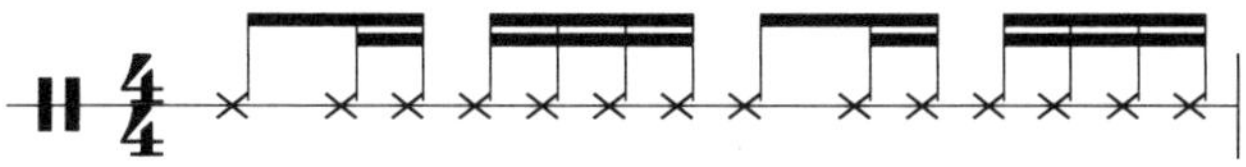

Ratsche (Guiro):

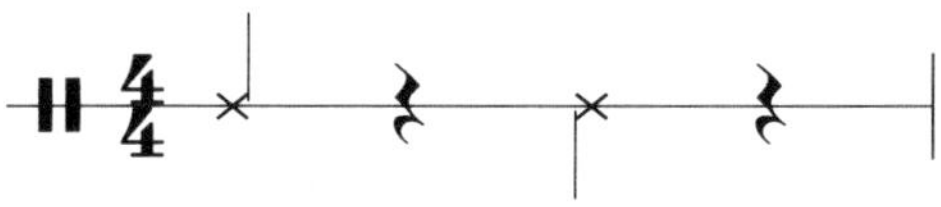

SPIELANREGUNG

Das Lied passt gut in die Adventszeit. Der Refrain ist sehr einfach und eingängig. Jeder kann sofort mitsingen! Die Kinder können bei »Ja, ja« mit dem Kopf nicken und ihn bei »Nein« schütteln.

Zum guten Ende

36

Akkorde: C-Dur/d-Moll/G-Dur
Instrumente: Metallofon oder Glockenspiel oder Klangbausteine, Ratsche (Guiro), Rassel

T/M: Wolfgang Hering, © beim Autor

ORFF-BEGLEITUNG

Platzieren Sie vier Kindergruppen in jeder Ecke des Raumes und ordnen Sie Ihnen die Takte mit den Akkorden C-Dur (C–E–G), d-Moll (D–F–A), G-Dur (G–H–D) und wieder C-Dur zu. In dem zugeteilten Takt werden zwei der Dreiklangstöne – wie unten aufgezeichnet – gespielt. Auf diese Weise wandert die Begleitung taktweise jeweils von einer zur nächsten Ecke im Raum.

Metallofon oder Glockenspiel:

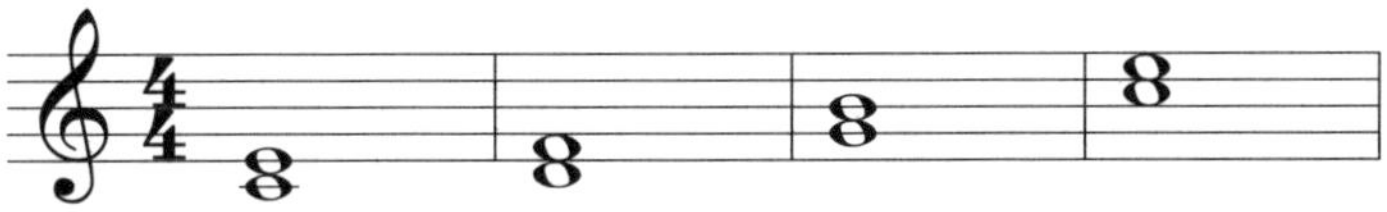

Eine andere Möglichkeit besteht darin, dass die Tonabfolge C, D, G, C als Ostinato auf die Eins jeden Taktes gespielt wird. Zur Vereinfachung nehmen Sie bei den Stabspielen die dreiklangsfremden Töne heraus.

Ratsche (Guiro):

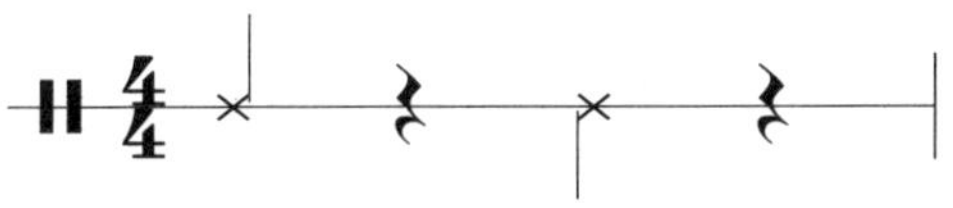

Rassel:

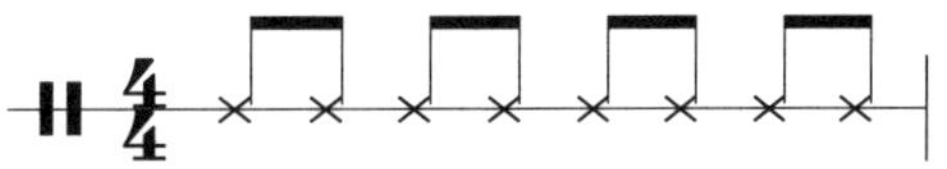

SPIELANREGUNG

Das Lied ist als Bewegungskanon zum Ende einer Schulstunde, eines gemeinsamen Singens oder einer Ferienfreizeit geeignet.

Die Kinder stehen im Kreis, haken sich ein und führen folgende Gangarten aus:

1. Vorwärtsgehen
2. Rückwärtsgehen
3. nach rechts
4. nach links

Im nächsten Durchgang fassen sich die Kinder z.B. um die Schultern, dann an den Händen usw.

Achtung: Im zweitletzten Notensystem tauchen Triolen auf. Wo sonst zwei Viertelnoten Platz haben, werden dort drei gleichlange Noten gesungen – abweichend vom sonstigen Rhythmus. Am besten hören Sie genau der CD zu. Wenn die Triole zu schwierig ist, probieren Sie es mit einer Viertel- und zwei Achtelnoten: ♩ ♪♪.

Anhang

Der Autor

Wolfgang Hering, Diplom-Pädagoge und Musiker, ist freiberuflich im musik- und sozialpädagogischen Bereich tätig und Mitglied der bekannten Musikgruppe »Trio KUNTERBUNT«. Dozent an Fortbildungseinrichtungen. Referententätigkeit und Fachberatung/Fortbildung u.a. für Kindergärten, Familienbildung und Grundschulen. Er hat themenorientierte Projekte z.B. für Krankenkassen und Deutscher Turnerbund durchgeführt. Solokonzerte mit verschiedenen Bühnenprogrammen. Beliebt sind auch Kombinationen aus thematisch orientierten Workshops und Konzert. Zahlreiche Bücher und CDs in verschiedenen Verlagen. Für ein Seminar zum Thema dieses Buches können Instrumente zur Verfügung gestellt werden.

Kontakt: Büro Wolfgang Hering
Walther-Rathenau-Str. 39
64521 Groß-Gerau
Tel.: 06152 / 7904
E-Mail: wolfhering@aol.com
Internet: www.wolfganghering.de (mit vielen Infos, Terminplan und Gästebuch)
Shop: www.wolfganghering-shop.de

Literaturhinweise

Bastian, Hans Günther: *Kinder optimal fördern – mit Musik*, Mainz 2001

Brünger, Peter: *Singen im Kindergarten*, Augsburg 2003

Buck, Elisabeth/Biasin, Ursula: *Wolkenspiel und Trommeltanz – Musikalische Bewegungsspiele zur Sensibilisierung der Sinne*, Mainz 1997

Gruhn, Wilfried: *Kinder brauchen Musik – Musikalität bei kleinen Kindern entfalten und fördern*, Weinheim 2003

Hering, Wolfgang: *Aquaka della oma. 88 alte und neue Klatsch- und Klanggeschichten*, Münster 2000[3]

Hering, Wolfgang: *Bewegungslieder für Kinder*, Reinbek 2001[6]

Hering, Wolfgang/Jekic, Angelika: *Musik mit den ganz Kleinen*, Reinbek 2007[2]

Hering, Wolfgang: *Kunterbunte Bewegungshits*, Münster 2007[6]

Horn, Reinhard/ Mölders, Rita/Schröder, Dorothe: *Prima(r) Musik*, Lippstadt 2003

Kreusch-Jacob, Dorothée: *Das Musikbuch für Kinder*, Mainz 2001

Jungmair, Ulrike E.: *Das Elementare – Zur Musik- und Bewegungserziehung im Sinne von Carl Orff*/ Mainz 2003[2]

Orff, Carl/ Keetman, Gunild: *Orff-Schulwerk – Music for children*, Mainz 1972

Schmitz, Wolfgang: *Ganz einfach, aber wie?*, Trossingen 2005

Kemper, Wiebke: *Rasselschwein & Glöckchenschaf – mit Orff-Instrumenten im Kinder- und Musikgarten spielerisch musizieren*, Münster 2003

Reinhardt, Friedrich: *Spiele mit Klängen*, München 1983

Seelinger, Maria: *Das Musikschiff – Kinder und Eltern erleben Musik*, Regensburg 2003

Wagner, Elisabeth: *Orff-Instrumente kennenlernen*, München 1996

Titze, Günter: *Leichtes Musizieren mit Orff-Instrumenten*, Horneburg 1999

Alphabetisches Register

Register der Liedanfänge

Trackliste

Titel

1 Zehn Töne
2 Jetzt geht's los
3 Kriecht die Schnecke
4 Ein Huhn, das fraß
5 Der Papagei
6 Tanz der wilden Pferde
7 Der schöne Gruß
8 So ein Pech
9 Wir räumen auf
10 Der Cowboy Bill
11 Hurra, wir fahren heut durch Musika
12 Das Kinderorchester
13 Der fliegende Bus
14 Schafft ihr das?
15 Nackidei
16 Auf der Donau
17 Komm, wir spielen
18 Klitzekleine Riesen
19 Timpe, tampe, Zaubermann
20 Der Indianerhäuptling
21 Was schwimmt denn alles im Meer?
22 Meine Tante kam zurück
23 Ein Geburtstagslied
24 Das Flohfangen
25 Sonne, liebe Sonne
26 Der Herbst ist da
27 A, A, A, der Winter, der ist da
28 Der Kakadu
29 Kleines Ständchen
30 Der Musikzug
31 Geister im Haus
32 Zwei lange Schlangen
33 Hin und her im grünen Wald
34 Viele bunte Zahlen
35 Lied vom Weihnachtsmann
36 Zum guten Ende
37 Playback: Das Kinderorchester
38 Playback: Der Musikzug
39 Playback: Geister im Haus

Arrangements/Musikeinspielung: Nicolas und Wolfgang Hering/Gesang: Elke Diepenbeck, Wolfgang Hering
Tonstudio (Gesangsaufnahmen): Matthias Krüger, Klangraum, Mainz